Libros por Carlos A. Caggiani

1998
Deshojando Recuerdos

2002
Un Nuevo Martín Fierro

2009
Huellas y Horizontes:
26 Países en una Motocicleta
(primera edición)

Ingeniería de una Estafa

2010
Tracks and Horizons:
26 Countries on a Motorcycle

2011
Huellas y Horizontes:
26 Países en una Motocicleta
(segunda edición)

2012
Pía Mi Amor

2013
El Secreto de las innovaciones

S*El*ecreto *de las*
Innovaciones

Carlos Caggiani

El Secreto de las Innovaciones
© 2013 Carlos Caggiani

Diseño de carátula por Ed Caggiani

Primera edición: Abril 2013

ISBN-10: 1484069404
ISBN-13: 978-1484069400

Printed in the United States of America
CreateSpace.com

www.CarlosCaggiani.com

Reconocimientos

Agradezco a todas aquellas personas que me han ayudado dándome la oportunidad de expresar y llevar a la práctica mis ideas.

A los que confiaron en mi habilidad de crear nuevos productos y procesos, y han arriesgado reputación y capital en la realización de todas mis innovaciones.

A la alta gerencia de Teleflex Inc. y sus divisiones de Teleflex Medical y Sermatech Internacional Inc., empresa en que presté mis servicios profesionales por 22 años.

También, quiero dar las gracias a los Estados Unidos de América, en donde he encontrado a los que siempre creyeron en mí, como profesional y como persona.

Índice

Introducción

Mi interés por la escritura, comenzó como uno más de mis tantos hobbies a fines del año 2000.

Había escrito algunos poemas que comenzaron a rodar por el camino mundial del Internet en páginas de Deusto, y se comenzaron a expandir sigilosa y tímidamente a concursos literarios alegrándome solamente con el hecho de que fueran publicados. Me consideré bien pagado al observar que mi poesía "El Gaucho" fue elegida por el Ministerio de Educación de la Nación de la República Argentina, acompañando nada menos que a poesías de los grandes José Pedroni y J.L. Borges.

En 1964, había comenzado un viaje de aventura en motocicleta el cual se extendió a 26 países y duró 2 años, en una mezcla de sufrimientos y alegrías, que dio material para meterme en las botas de "Un Nuevo Martín Fierro", libro que escribí en verso y que me dio el empuje de seguir escribiendo.

Más tarde me atreví a escribir una biografía de ese viaje en prosa, como tratando de invadir los terrenos arenosos de la literatura.

Huellas y Horizontes, fue publicado en el 2009 en idioma español y en el 2010 en inglés.

Los humanos dejamos huellas en el camino de nuestras vidas. Esas huellas siempre son importantes aunque alguno de nosotros no nos demos cuenta lo que significarán para otros.

En muchas ocasiones, me han preguntado porque no escribo sobre las innovaciones, ya que ese fue el "gran tema" que rodeó mi vida desde muy joven.

Para explicarlo en pocas palabras, a los 23 años de edad obtuve mi primera patente de invención a la que siguieron muchas más dedicando más de 40 años al ejercicio de la ingeniería mecánica, que fue también mi "gran hobby" en el campo de investigación y desarrollo.

Comencé a pensar en poner por escrito algo que fue parte muy importante en mi vida, y una circunstancia bastante particular, me dio el impulso necesario para poder hacerlo.

Esto fue debido a una llamada telefónica de la señora directora de un colegio en Fort Lauderdale, Florida, en los Estados Unidos, pidiéndome si podría dar unas charlas de motivación en su escuela a los jóvenes que pensaban seguir la carrera de ingenieros o científicos.

En ese tiempo, yo era vicepresidente de implementación tecnológica en la empresa para la cual trabajaba, y me sentí por demás curioso, de que esta señora me pidiera algo que nunca había hecho antes. Cuando le pregunté a la señora Triangolo, ¿por qué yo?, amablemente me pidió que explicara a los muchachos, cómo alguien que era extranjero y que había llegado al país con solo 25 centavos en el bolsillo, llegó a ser vicepresidente de una empresa multinacional.

La verdad era, que nunca había pensado en eso. Ni el porqué ni como había llegado a escalar a esa posición.

Rápidamente comencé a analizar mi carrera profesional y me di cuenta que por muchos años me había dedicado a crear, innovar y patentar ideas, las que me habían ayudado a crecer dentro de la empresa.

Siempre lo había hecho como algo natural, y nunca había pensado que había sido eso lo que en cierta manera me abrió las puertas de la oportunidad.

El trabajo para mí, era un hobby y lo disfrutaba como tal.

Preparé una presentación a la que llamé "El secreto de las innovaciones" y decidí que haría las charlas de motivación pedidas por la señora Triangolo.

Además de sentirme honrado, pensé que lo tenía que hacer sin pretensión de lucro, para en cierta manera devolver algo al país que me había dado tanto.

La primera clase fue emocionante… primero, porque nunca antes había tenido la oportunidad de hablarle a gente joven, y luego porque logré que fueran parte de la clase y se integraran de lleno en el tema.

Mientras transcurría el tiempo, me daba cuenta que aquellos muchachos y muchachas, eran el futuro de este gran país.

Aquellos jóvenes tan llenos de vida, tomaban cada explicación, cada frase, como parte de una aventura futura para ellos. No descansaban haciendo preguntas y mostraban satisfacción cuando ellos mismos llegaban a la conclusión de las respuestas.

Eran mentes llenas de entusiasmo a las que valía la pena dedicarles cualquier tiempo.

Esta experiencia me dio el material que expongo en este ejemplar, en el que he tratado de volcar anécdotas y hechos con los que creo poder ayudarle como ayudaron a aquellos tantos jóvenes que hoy ya son profesionales.

Quisiera que lo acá escrito, deje en la mente del lector, un mensaje no solo de motivación, sino de paz interior. Que no quede con la impresión que trato de hacer de él, algo que no quisiera ser. Lógicamente, trataré de describir mis pensamientos haciendo énfasis en lo que me ha costado a mí, llegar a ser lo que siempre quise ser y llegar a tener un trabajo en el cual disfruté mucho haciéndolo.

Los años no solo me han dejado la huella de las arrugas… estas vinieron acompañadas con experiencias de vida que quiero compartir, haciéndome a la idea de que puede significar una ayuda para aquel que se sienta identificado con lo aquí escrito.

Prólogo

Qué hace que algunas personas sean más creativas que otras?

Aunque esto fue estudiado muchas veces, no hay una teoría sólida que nos permita justificar el porqué.

Algunos expertos piensan que el entorno puede ser una parte importante, lo mismo que la cultura en que el ser humano sea criado. Posiblemente, las dos cosas tengan un poco de responsabilidad en el desarrollo de la mente y la visión que pueda tener la persona para poder llegar a ser creativa.

Se puede observar, que por siglos, Italia es reconocida por su estética y arte poniendo en el mercado innumerables artículos de hermosas formas. También Alemania se sabe distinguir por la calidad de sus automóviles y maquinaria, Suiza por sus relojes, etc. Sin embargo, los Estados Unidos de América, sigue superando al resto del mundo como creador tecnológico, cantidad de patentes de invención y el tiempo y dinero que las empresas dedican a investigación y desarrollo poniendo en el mercado millones de nuevos artículos por año.

Lógicamente; existe un sistema que motiva a las empresas a la innovación y a inventar, creando un entorno de competitividad industrial que va desde los directivos hasta los empleados más comunes. Esto logra acostumbrar a los ciudadanos al cambio casi diario y a esperar siempre un artículo mejor por menos dinero.

Un dicho tan común como cierto es: "Nothing is forever" nada es para siempre. Esa pequeña frase hace que los industriales estén siempre buscando mejores maneras, siendo más competitivos, reestructurando y creando cualquier cosa que sea factible de vender.

La industria norteamericana está basada en un sistema impositivo en donde el impuesto es solamente a la ganancia. Esto motiva a las empresas a invertir dado que la parte de esa ganancia que se utiliza para investigación y desarrollo es descontada de la misma. El empresario prefiere hacer crecer su industria o negocio en vez de pagar impuestos. A su vez, esto es conveniente para el país, ya que ese crecimiento se convierte en más puestos de trabajo y en aumento de recaudaciones, tanto de los trabajadores como de las empresas.

El sistema se creó con ese motivo, y es extraño ver que hay muchos países que no lo adoptan. Esto forma una "cadena" que provee oportunidades para todos. El empresario siempre está dispuesto a crecer y ofrece mejores posiciones a aquellos que lo ayuden. El empleado tiene la oportunidad de ser creativo y progresar dentro de la empresa, las empresas crecen y forman más puestos de trabajo, el gobierno agranda sus recaudaciones impositivas, el ciudadano gana más dinero y se acostumbra al cambio y a adquirir productos que le hacen la vida más fácil o placentera. Esa cadena, a la que muchos de los que están en contra del consumismo critican, es lo que lleva al país a crecer económicamente y a que sus ciudadanos puedan vivir mejor.

Sin lugar a dudas, eso facilita a las empresas a que adopten una mentalidad de cambio constante y a que la ciudadanía se acostumbre a esos cambios.

De todas maneras, las ideas siempre comienzan con la creatividad que pueda tener la persona o personas que quieran pertenecer a ese grupo no muy grande de innovadores. Esas personas estarán sobre cualquier sistema político, razas, religiones, y creencias negativas de cualquier índole.

El innovador, debe ser contante y firme en sus ideas, sin despreciar comentarios constructivos que lo ayuden a lograr sus metas.

El propósito de este libro, es explorar y analizar el poder de las innovaciones y la creatividad y como llegar a ser creativo.

Está escrito para todos aquellos que desean aprender, acerca de una herramienta poderosa para lograr el triunfo.

No está basado en ciencias, matemáticas o cálculos.

El lector no necesitará poseer ningún conocimiento especial para poder entender las fuerzas de la mente y tomar ventajas de la misma. Por ese motivo, la escritura fue hecha usando un lenguaje simple y fácil de comprender.

Para ser un innovador tampoco necesitará tener un título universitario. Gillette, Bill Gates, Steve Jobs, y muchos otros no lo tuvieron. Un diploma le abrirá muchas puertas pero, recuerde que no lo hace un innovador.

Usted puede ser un jefe ejecutivo, profesional, oficinista u obrero y podrá usar la habilidad humana de pensar, analizar e innovar.

Siendo un innovador y un realizador, por más de cuarenta años, he podido adquirir la fuerza, el positivismo y la actitud mental de no aceptar un "no" como respuesta y aprender a ejercitar posibilidades.

En las páginas siguientes, usted podrá ver estudios de casos y experiencias que de una manera u otra, han ayudado a contribuir con muchas nuevas y diferentes ideas en la creación de métodos, procesos y productos.

El fin, es tratar de guiar al lector para que pueda poner en uso su creatividad, pulir su actitud y ayudarlo en la creación de nuevas oportunidades. Llegar a ser un Innovador, es un paso muy grande en el camino hacia el triunfo personal.

La victoria pertenece a las personas que dan uso a su imaginación y su creatividad.

Un innovador es, ante todo, un ser humano que se enfoca en competir con él mismo y en complacer al cliente o a la empresa para la cual trabaja. Un innovador es una persona con grandes planes de futuro.

La vida gira alrededor de las innovaciones.

Nuevos y viejos negocios, nacen y crecen, vivimos más largo y confortablemente, podemos viajar rápidamente de país a país y el hombre puede caminar en la superficie lunar gracias a las innovaciones. Innovaciones y cambios no tienen limitaciones y se pueden aplicar en cualquier disciplina desde limpiar pisos hasta las decisiones a niveles ejecutivos y gubernamentales.

Muchos países han adoptado innovaciones reestructurando sistemas de gobiernos que los han llevado, tanto a mejorar la economía como el nivel de vida de su población.

En los Estados Unidos, que como mencioné anteriormente, es el país con más patentes de invenciones a nivel mundial, los gobiernos siempre han fomentado la innovación, ayudando al empresario y motivándolo al progreso.

Podemos ver cambios en todas las áreas de los negocios modernos. Un sistema de contabilidad puede ser cambiado o innovado para hacerlo más preciso o más rápido; un sistema de fabricación puede ser cambiado para hacerlo más productivo; nuevos productos pueden ser diseñados para conquistar otros mercados haciendo crecer ventas y oportunidades de trabajo.

La economía mundial está impulsada por innovaciones y cambios. Mientras haya mentes pensantes que busquen hacer cosas diferentes para la confortabilidad y el progreso humano, la rueda seguirá girando y creará más oportunidades de trabajo para los pueblos del mundo.

No existe nada más importante que una idea en la mente de un innovador, para cambiar el curso de la historia.

Capítulo I

- **Invención, Optimización o Innovación**

Muchas veces hemos escuchado decir, que ya está todo inventado y que no hay nada más que inventar, pero, entonces: ¿Por qué se siguen dando patentes de invención si está todo inventado?

Una patente de invención no es nada más que la protección de una innovación u optimización de algo. Podríamos decir que una invención o innovación es como poner juntas las cosas que ya se inventaron formando otra, o en el caso de una optimización, es mejorar o hacerle cambios a un producto existente.

No estamos creando nada. ¿Qué es totalmente nuevo? Cada idea o innovación es una extensión o duplicación de ideas previas o cosas. No estoy inventando nada cuando escribo este libro. Estoy buscando en mi mente lo vivido, lo visto, lo ya leído, y tratando de ponerlo de una manera ordenada y fácil de entender.

La mayoría de las ideas nuevas, nacen de la asociación de las ideas de otros. Ninguna ideas es completamente nuestra y ninguna invención es totalmente nueva. No tenemos más que visualizar lo que existe y lo que se puede usar para innovar, o para optimizar y lograr algo mejor, que ayude a poner en el mercado un producto bueno, necesario y rentable para nosotros o para la empresa donde trabajamos.

Las herramientas están listas para ser usadas, el problema es saber escoger las mejores para resolver un problema o mejorar algo que necesite ser mejorado. Lógicamente; y verán que lo repito a través de lo escrito, todo puede ser mejorado… o sea, las oportunidades son ilimitadas.

El agudizar la visión, dará al innovador la ventaja de adelantarse a cualquier situación y caminará al frente del grupo.

La curiosidad es parte de la mentalidad de las personas innovadoras. Buscar el porqué de las cosas que nos rodean traerán nuevas ideas de cómo hacer cambios y mejoras.

Capítulo II

- ¿Puede usted llegar a ser un innovador?
- Imaginación
- Actitud
- Experiencia
- Creatividad
- Separarse del resto

Sí... usted, puede llegar a ser un innovador.
Como innovador, estará en el camino que lo llevará a conquistar respeto, admiración y dinero.

Los más importantes dones o aptitudes que tiene que poseer un innovador son:

Imaginación, actitud y experiencia.

Los innovadores usarán su imaginación, su actitud y su experiencia, para lograr la creatividad que los ayudará a desarrollar nuevas ideas y productos.

La imaginación siempre existió, (nacemos con ella), la actitud se forma, y la experiencia se podrá desarrollar con el tiempo y los conocimientos adquiridos en su línea de trabajo y en la vida misma.

La fórmula que se puede usar para llegar a obtener creatividad es:

| IMAGINACIÓN | ACTITUD | EXPERIENCIA | CREATIVIDAD |

IMAGINACIÓN

S i buscamos en el diccionario que representa la palabra "imaginación" podremos leer lo siguiente:

1. El proceso de formar imágenes mentales y percepciones en la ausencia de un estímulo externo concreto.
2. La habilidad mental de crear imágenes y conceptos originales.
3. La habilidad mental de poder reproducir imágenes memorizadas.
4. La creación de la mente; imágenes mentales.

Todos nacemos con una cantidad grande de imaginación. Cuando somos niños, es muy usual que al mirar las nubes o las llamas de una fogata, imaginemos caras y figuras de todo tipo.

Recuerdo en mi niñez, dibujar un gran rectángulo en el piso, usar un taburete como dirección o volante, una varilla de hierro clavada en el suelo como palanca de cambios, unas sillas viejas como asientos y dejar correr mi imaginación. En mi mente joven, estaba manejando un autobús. Imaginaba esquinas y paradas. Imaginaba gente subiendo y bajando e invitaba a mis padres y amigos a subir a mi autobús.

También recuerdo el día en que mi padre me regaló un "Mecano".

Este era una clase de juego con placas de metal, tornillos y tuercas con las cuales se podían crear toda clase de cosas.

Los "Mecanos" eran numerados del 00 al 05. El que yo tenía era número 00, mis padres no podían ofrecerme nada más grande pero sin lugar a dudas, aquél fue mi mejor juguete. Poder crear figuras y máquinas atornillando aquellas piezas, era para mí, poder convertir sueños en realidades.

Mucho tiempo atrás, en los Estados Unidos y Europa, como hoy en los países no desarrollados, los niños dependíamos de nuestra propia imaginación para poder jugar. Una hoja caída de un árbol podía ser una ambulancia y a una hormiga se le podía usar como paciente. Un aro de barril empujado por una horquilla de alambre a través de la acera, creaba un imaginario automóvil. El aro interior de un neumático que empujábamos frotando una mano sobre él y haciéndolo girar, también podía ser un imaginario automóvil. Los niños jugábamos con bolillas de vidrio y figuritas, no teníamos juegos sofisticados como los de hoy y nos veíamos casi obligados a usar toda nuestra imaginación para disfrutar de los juegos infantiles.

En el mundo actual, la mente de los muchachos puede ir aún más lejos usando legos, computadoras y otros juguetes electrónicos.

Imaginación es común en el proceso del crecimiento.

Los niños no tienen inhibiciones, no sienten vergüenza al expresar sus pensamientos o ideas. Los expertos aseguran que los niños en edad de crecimiento de 5 a 7 años usan su imaginación y creatividad en un 90% mientras que una persona cuando llegan a la edad adulta de 40 años solamente usa un 2%.

Ellos usan el proceso de dar forma a los objetos usando la percepción de la mente.
El tiempo pasa y desafortunadamente maduramos.

Al madurar tenemos la tendencia de tomar la vida muy seriamente. A la misma vez, tenemos miedo de fallar y no queremos tomar riesgos. Prontamente, ponemos nuestra imaginación a dormir y dejamos de ejercitar nuestro cerebro anulando nuestra creatividad. En otras palabras; es muy importante el mantener una mente abierta y expresar nuestras ideas. Nada tiene de malo, el seguir siendo niños en algunos aspectos. No tenemos que asustarnos pensando que podemos cometer errores. Si como seres humanos que somos, cometemos algún error, tenemos que verlo como una enseñanza o aprendizaje y esto nos ayudará a triunfar.
Nada es peor que el "status quo" o el conformismo. La persona que no está dispuesta a tomar esos riesgos, nunca tendrá la oportunidad de crecer profesionalmente o económicamente. La vida, de por sí, es un riesgo que tomamos diariamente.
No se necesita ser un genio para saber que las innovaciones o nuevas ideas puestas en práctica es lo que hace avanzar a las grandes corporaciones y al mundo.
Hoy en día, podríamos decir que se toman más riesgos no haciendo nada que tratando de hacer algo. Usted corre el peligro de ser suplantado por una persona de menor sueldo o por un sofisticado software para hacer su trabajo. En

numerosas empresas lo hicieron y es probable que lo sigan haciendo para lograr ser más competitivos al rebajar los costos. Yo diría que un innovador es el que tiene menos riesgo de ser reemplazado, por poseer esa creatividad que no es fácil de encontrar.

Todavía las computadoras no son lo suficiente creativas para solucionar problemas tangibles, aunque hay programas que ayudan a hacerlo. De todas maneras, a la máquina hay que meterle información que solo una persona creativa la puede manejar.

ACTITUD

Para llenar la otra parte de la ecuación, tendremos que analizar brevemente la palabra actitud.

Vayamos nuevamente al diccionario el cual nos describe actitud de la siguiente manera:

1. Posición que refuerza alguna clase de pensamiento o sentimiento.
2. Estado mental, comportamiento o conducta, de alguna manera como indicando opinión o propósito.

Podemos ver claramente, que la definición de la palabra actitud, nos transporta directamente a la sugestiva conclusión de que usted puede continuar, siendo uno más en el montón, o puede cambiar, separarse del resto y ser lo que usted quiera ser.

(Posición que refuerza algún pensamiento o sentimiento.)

Pensar con positivismo y creer que nada es imposible, es un estado común en la mente de un innovador. Es imperativo que piense que cualquier resultado se puede lograr si se pone el esfuerzo necesario.

En pocas palabras: Crea en usted mismo, en sus ideas y realícelas.

Tener confianza en sí mismo, lo llevará al estado mental necesario que le proporcionará la habilidad de convertir ideas en prácticas realidades.

Una demostración de actitud, es la historia de Cristóbal Colón. Pensemos que solamente él, estaba convencido que el mundo era esférico, mientras que los demás pensaban que era plano.

Pese a todas las contrariedades de personas que no tenían su visión, nadie logró cambiar su actitud de salir y arriesgar en lo que él creía. Nadie pudo hacer desfallecer su fe... ni siquiera sus propios navegantes que querían regresar temiendo la muerte.

Colón, pensaba "fuera del cubo". Él imaginaba una tierra lejana y su actitud fue salir a buscarla sin que nada ni nadie representara un obstáculo en su emprendimiento.

La actitud mental, es una de las más importantes partes de la más sofisticada computadora, que es el cerebro humano.

Es la única computadora que nace con el más completo "software" instalado y con la flexibilidad de agregarle memoria indefinidamente.

Está científicamente comprobado que el ser humano usa solamente un 8% de la capacidad de esa magnífica máquina que es su cerebro.

Si una persona se queda ciega a los 50 años de edad, en un par de años duplicará o triplicará los otros sentidos, como el olfato, el tacto y el oído. Eso nos muestra que se hizo un esfuerzo para ampliar esos sentidos y compensar la falta de la vista. Ese mismo esfuerzo, se puede hacer para lograr cualquier otra cosa, desde agudizar los sentidos para tomar decisiones como la de dejar de fumar, beber, o tener más confianza en sí mismo y relacionar que nada es imposible.

Se podía notar, que Da Vinci también poseía una confianza excepcional en su talento y capacidad artística, cuando escribió una hoja de vida al Duque de Milán ofreciéndole sus servicios. La misma quedó registrada ante el mundo como un increíble ejemplo de auto examen jamás escrito por persona alguna.

"Yo tengo" -comenzaba la carta, "el método para construir puentes tan livianos que pueden ser transportados para usarlos en caso de guerra pues son resistentes al fuego y fáciles de transportar".

"En estado de sequías, estoy preparado para remover agua de canales o zanjas y fabricar una variedad infinita de escalas de sitio y otros ingenios".

"Tengo también la manera de fabricar las más convenientes bombas portátiles propias para lanzar, y bombas arrojadizas de humo para causar terror en el enemigo".

"Como medio de excavaciones, tengo la manera de alcanzar cualquier punto de profundidad aunque sea necesario pasar debajo de los ríos".

"También puedo construir carretas blindadas seguras e indestructibles, las que podrán ser usadas para destruir las fortalezas enemigas abriendo paso a nuestra infantería".

"Para conflictos navales tengo numerosos instrumentos ofensivos y defensivos y también puedo crear barreras de humo usando polvos y vapores".

"En tiempo de paz, puedo igualar a cualquiera en trabajos de arquitectura".
"Puedo preparar diseños de edificios públicos o privados y transportar agua de un lado a otro".

"Yendo aún más lejos, puedo ejecutar trabajos de esculturas en mármol, bronce o terracota. Como pintor, puedo igualar y superar a cualquier otro".

"Si algo de lo mencionado arriba, pareciera imposible de lograr, estoy perfectamente dispuesto a demostrarlo en cualquier lugar en que usted comande".

Seguramente no otro hombre ha escrito una hoja de vida tan llena de vanidad reclamando una posición de empleo; pero lo más increíble de esto, es que todo lo que Leonardo dijo, era verdad.
Esto es una muestra de alguien que tenía una tremenda fe en sí mismo. Sin lugar a dudas tanto Leonardo Da Vinci como Cristóbal Colón, nos enseñan mucho sobre la imaginación y la autoestima o actitud personal, que son dos cosas imprescindibles en un innovador.
Otro gran hombre que además de imaginación y experiencia poseía una actitud poco común, era Thomas Alva Edison.
Logró hacer tantos inventos, que fundó un gran taller, al que llamó "Fábrica de Invenciones".
Su actitud y dedicación lo llevó a descubrimientos que dejaron la base para muchos productos actuales. Cuando se visita el laboratorio de su casa de invierno en Fort Myers, en

el estado de Florida o su fábrica de inventos en West Orange, New Jersey, se puede apreciar el genio de este hombre que logró tanto en tan precarias condiciones.

Charles Swindoll, autor y motivador, solía decir:

"La actitud personal y mental, es más importante que los hechos.

Es más importante que el pasado, la educación, el dinero, las circunstancias, fallas, sucesos y lo que otras personas piensen, digan o hagan.

Más importante que apariencia, talento o habilidad. Lo remarcable es que tenemos la oportunidad de cambiarla continuamente, no importando la actitud que nos abrace cada día. No podemos cambiar nuestro pasado, no podemos cambiar la acción de las personas que actúan de cierta manera, no podemos cambiar lo inevitable… lo único que podemos hacer es tocar con la única cuerda que tenemos y esa es nuestra actitud… estoy convencido que 10% es lo que me está pasando a mí y 90% es como yo reacciono a lo que me está pasando".

Lo mismo nos pasa a todos los seres humanos, es importante que aprendamos a cambiar nuestra actitud.

EXPERIENCIA

1. Advertimiento, enseñanza que se adquiere con el uso, la practica o solo con el vivir.
2. Acción y efecto de experimentar y aprender del experimento.

Cualquier clase de experiencia, es obtenible.

Para poder lograr estas necesidades escritas al comenzar el capítulo I, sería lógico agregarle muchas palabras más, como: estudio, ganas, dedicación, tiempo, en fin, serían muchas para seguir mencionándolas y haríamos de este libro, un ejemplar aburrido y por demás complicado.

Si usamos un poco de sentido común, podemos decir sin lugar a equivocarnos, que la experiencia se gana con dos cosas:

Tiempo de ejercicio y atención total en lo que se está haciendo.

La experiencia en cualquier disciplina que sea practicada, es esencial y ayudará a tomar decisiones en el camino a seguir o en la aplicación de técnicas en proyectos o innovaciones. La experiencia lograda con el tiempo, dará al innovador, una gran ventaja en el desarrollo de su idea.

También le ayudará a elegir el camino más adecuado para su proyecto y a planear futuras opciones en caso de tener que hacer cambios o ajustes a lo largo del desarrollo.

La experiencia que tenga el innovador en el campo de su idea, le permitirá realizar su proyecto más fácilmente que careciendo de ella.

Sería bueno reforzar que "meter las manos" en la idea, ayudará mucho a obtener la sabiduría o experiencia que pondrá al innovador en una avanzada posición para que su proyecto sea realizado en menor tiempo y con mejor resultado. Esto le dará una visión más clara para resolver cualquier problema encontrado en el camino del desarrollo de su idea o innovación. Cuanto más cerca del experimento se encuentre el innovador, tanto mejor.

Lo que se esboza en la mente humana, tiene que ser perseguido desde el comienzo hasta el final, para adquirir experiencia en una idea en particular y que luego servirá como conocimientos futuros, que podrán ser aplicados en otros proyectos o innovaciones.

Podemos decir que teniendo imaginación, actitud y experiencia, tenemos una combinación poderosísima para llegar a la creatividad que es el resultado final de la formula.

Experiencia es algo que se posee para siempre. Es el conocimiento personal que no puede ser quitado y morirá con la persona.

CREATIVIDAD

1. Creatividad es la función que demuestra una persona que tiene el poder o la habilidad de crear.
2. Caracterizarse por originalidad y ejecución de una idea.

Como mencioné anteriormente, la creatividad, se logrará básicamente con imaginación, actitud y experiencia.

Tendremos que tomar esto cronológicamente comenzando por la imaginación, que en realidad todos poseemos, actitud, que tendrá que ser siempre positiva y la experiencia que se adquiere si se practican las dos funciones anteriores.

Estas tres importantes funciones, sin lugar a dudas lo llevarán a lograr sus metas. La creatividad es una condición humana que puede ser desarrollada a través de la actitud, cimentada en la creencia en sí mismo y los sentimientos internos de cada uno. Nuestra capacidad creativa, no tiene límites si adquirimos la práctica mental necesaria para su desarrollo.

Cuando la mente está dispuesta a aceptar el compromiso del uso de nuestra creatividad; la misma, se convertirá en un estilo de vida y en una fuente abundante de ideas innovadoras, que podrán ser aplicadas en cuales quiera de los campos elegidos.

No existe un modo técnico para desarrollar la creatividad y tenemos que enfocarnos en usar las funciones que nos lleven a ella.

Enseñar técnicamente lo que significa la creatividad, sería tratar de enseñar a navegar un velero sin el velero.

Llegar al punto de considerarse creativo, es mucho más rico y reconfortante de lo que se puede explicar con simples palabras escritas.

Cuando las ideas comiencen a fluir y se vuelvan soluciones y productos, nos podemos llamar creativos.

Recuerde que hay que pasar etapas, no se puede tirar de una montaña y diseñar las alas que lo podrían hacer volar, en plena caída.

Vivimos en un mundo lleno de oportunidades. Estas están allí para que las tomemos. Somos nosotros mismos, que como seres humanos nos ponemos limitaciones ya sea por miedo al fracaso o por pereza. Si queremos llegar a conquistar una posición en nuestro trabajo y en nuestra vida, tendremos que "tomar el toro por los cuernos" y poner la dedicación necesaria para obtener el triunfo. Ni las opiniones negativas, ni la rutina, ni los más grandes contratiempos que se nos crucen en el camino, nos pueden hacer cambiar el rumbo de nuestro triunfo.

¿Qué Tenemos que hacer?

Tenemos que:

1. Ser lo suficientemente inteligentes, rápidos y creativos, para tomar ventajas de las oportunidades, para salir del "acá no se puede", y para darle un puntapié en el trasero al estatus quo.
2. No quedarnos dormidos en el pasado... concentrarnos en hoy, el futuro inmediato y lejano.

3. Reconocer que si no se hacen cambios vamos a estar cada día más rezagados en un mundo competitivo que progresa a pasos agigantados.
4. Dejar de castigar con palabras a gobiernos, sindicatos, o a los fabricantes que han llegado a ser competitivos.
5. Preocuparnos por sacar adelante al país donde vivimos, a la empresa para la cual trabajamos y a nosotros mismos.

¿Podemos hacerlo?
La repuesta es ¡SÍ!

Yo creo que siguiendo las acotaciones aquí descritas y con la creación de un entorno enfocado en las innovaciones y cambios constantes, se puede llegar a lograr un futuro mejor para todos.

Para comenzar, pero sin dejar de lado lo complicado, no pensemos solamente en altas tecnologías o campos totalmente desconocidos; pensemos en cómo transformar lo existente y crear industrias que busquen la innovación dándole o agregándole valor a las materias primas.

Podríamos dividir la investigación, desarrollo y soluciones de problemas en dos partes... optimización y creación, aunque para la optimización también se necesita innovar.

Llamaremos optimización a las mejoras que se puedan crear para un artículo o servicio que ya está siendo fabricado o realizado. Por otra parte, llamaremos creación, a lo referente a nuevos productos o servicios, para conquistar una parte más extensa de un mercado o nuevos mercados.

Sin lugar a dudas, la ganancia grande viene de la creación, más, que de la optimización, pero con esta última se pueden mejorar productos y apartarse de la competencia... entonces, yo diría que: tanto la optimización como la creación son dos funciones importantes para las empresas y los negocios.

La ganancia al perfeccionar lo existente aunque no sea mucha, ayudará a posicionarse en mejor situación dentro del comercio mundial.

Esa ganancia puede llegar a ser sustancialmente importante, cuando se llega a ser muy competitivo. Es como comprar un seguro para la cura de las enfermedades del negocio, ya sea por la edad o porque aparecen o pueden aparecer competidores dispuestos a sacarlos del mercado.

El innovador, también juega un partido importante en el ramo de la optimización que no tiene que ser de ninguna manera menospreciado o ignorado.

Miles de empresas fallan anualmente por no poner cuidado en reformar u optimizar sus productos. Eso no es más ni menos que quedar "dormido en sus laureles" y pretender que los avances no existen.

Si miramos aunque sea de lejos a Silicón Valley, veremos lo que se ha logrado en los últimos años.

Hace 50 años se les llamaba locos o soñadores a los más grandes innovadores y triunfadores de hoy.

Esa industria cambia constantemente. Tanto; que un juego de computadora para niños que hoy se vende en menos de $200.00, tiene muchísimo más poder que la computadora "Faster Cray" de 30 años atrás. Un teléfono inteligente de hoy día tiene más poder de la computadora que usó NASA para llegar a la luna y seguramente, todavía no hemos visto nada de lo que se avecina en los años venideros. Los locos y soñadores de Silicón Valley, siguen soñando, y cada noche, sueñan mejor que la anterior.

Aunque el área se conoce como un lugar en donde muchas empresas fracasaron, hay otras, las más innovadoras, que siguen triunfando y haciéndose ricas.

Gracias a esos soñadores, y a la creatividad de las personas de NASA, hoy no existen las distancias.

La red de Internet, es una herramienta poderosa para los negociantes, las empresas y los innovadores del mundo.

Usted puede hacer una pregunta y a los pocos segundos será bombardeado con faxes, llamadas telefónicas, mensajes de texto, servicio postal y E-Mails.

El sistema de comunicación es una herramienta que el innovador de antes no tenía.

La información era escasa, lenta y en la mayoría de los casos no existía. Hoy se puede llevar un negocio internacional a través del Internet, sin necesidad de estar presente. Se pueden hacer conferencias usando cámaras digitales de video, en donde uno se ve con la otra persona y habla con nitidez y claridad.

 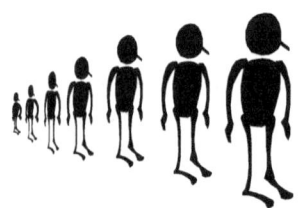

SEPARARSE DEL RESTO

La mente humana está educada desde su nacimiento para realizar ciertas funciones de una manera específica. Para llegar a ser un innovador y desarrollar la creatividad para lograrlo, tenemos que enfocarnos en hacer las cosas usando diferentes formas, buscando siempre la simplicidad y efectividad en lo que tratemos de cambiar.

¿Por qué algunas personas tienen más facilidad para ser innovadoras?

Es muy claro que un innovador está siempre pendiente de observar las cosas... como se hacen... y el por qué se hacen, y se dedica constantemente a buscar una mejor manera. Él sabe que todo, absolutamente todo se puede mejorar y eso es parte de él mismo. Buscar soluciones a problemas existentes es otra habilidad que tienen las personas innovadoras y de esas soluciones provienen los más importantes inventos.

La tendencia del ser humano es la de ser seguidor. Desde la manera como nos vestimos, comemos, caminamos y actuamos, usualmente seguimos a los demás. Nos enseñaron así, y es fácil y más cómodo seguir esa tendencia que cambiarla.

No hay muchas personas en el mundo, que sean innovadoras o que tengan la habilidad de crear.

Innovadores no son parte del paquete. Si usted quiere ser uno de ellos, tendrá que separarse del resto. Tendrá que regresar a su mentalidad infantil y comenzar a hacer toda clase de preguntas. Las respuestas a estas preguntas lo ayudarán, como lo ayudaron anteriormente, a aprender y a mejorar.

Una frase que define esta actitud es la que dice "más vale pasar por ignorante un minuto que quedarse ignorante por el resto de la vida". Esa es la pura verdad, haga preguntas.

Es importante el saber, pero, es más importante tener el número de teléfono del que sabe.

Si usted está dispuesto a tomar el riesgo de las innovaciones, usted está listo para comenzar a usar la habilidad mental de visualizar originales y sorprendentes imágenes que lo llevarán a crear nuevos conceptos e innovaciones.

Cuando dije arriba "separarse del resto de las personas", traté de reforzar la idea de que usted es único, usted es uno en muchos miles de millones, por lo tanto tiene que tener la fe de creer en sí mismo.

Si quiere llegar a ser un innovador, tendrá también que entregarse a ser un realizador.

En los negocios puede existir un aire de críticas y comentarios negativos relativos a los conceptos de un innovador. Usted no tiene que aceptar ningún comentario negativo de nadie. La negatividad es poderosamente contagiosa y puede resultar en la formación de un ambiente en donde las personas no tratan, no ponen cuidado y, lógicamente, no triunfan.

Si usted es joven y no posee mucha experiencia, estará más cerca de cometer errores. Tendrá que tomar estos errores no como tales, sino como una experiencia que le está ayudando a aprender y a expandir su habilidad mental para más adelante poder reproducir imágenes de su memoria.

No gaste su tiempo en pelear la envidia de otros. Dedíquese a demostrar diariamente su aporte a la empresa que está pagando su salario, a usted, y también al mundo.

Sea usted mismo y trabaje en la creación de su mente.

Leonardo Da Vinci; el famoso inventor, ingeniero y artista florentino, fue dueño de una imaginación sin límites.

Un día notó que fijando sus ojos en una pared con rajaduras o marcas, podía formar mentalmente una serie de figuras que representaban paisajes o animales, que se dejaron notar más tarde en muchos de sus amorfos diseños. Da Vinci descubrió, que esa práctica lo ayudaba estimular su visión.

Para demostrar este proceso, inventó el siguiente dispositivo:

Tomando una página de papel en blanco, Da Vinci trazó con un lápiz de color negro un círculo de aproximadamente dos centímetros y medio, de diámetro.

Llenó toda el área con color negro, dejando un pequeño círculo blanco en su centro interior. Luego dibujó otros dos círculos negros a cada lado del círculo mayor y a unos cinco centímetros de distancia del mismo, pintando estos también de color negro y dejando un pequeño círculo blanco en sus centros.

Después puso la página de papel a una distancia cómoda para su vista, concentrando su visión por treinta segundos en el pequeño círculo blanco en el centro del círculo mayor. Finalmente relajó su vista moviendo esta hacia una dimensión detrás del círculo grande. Tomando una visión general alrededor del diagrama, notó que los puntos de ambos lados tomaban diferentes posiciones dependiendo de la concentración de sus ojos en el diagrama.

Este experimento, nos enseña cómo jugar con la imaginación formando una ilusión óptica extraordinaria.

Nuestra intuición puede guiarnos a imaginar una proyección simbólica del campo electromagnético de un sujeto.

Otro ejemplo es el que se demuestra a continuación, al dibujar una proyección de dos líneas en ángulo, con una línea cruzada y otra distante. La línea cruzada y la distante, tienen exactamente la misma dimensión, pero la distante parece mucho más pequeña. Lo mismo pasa con una línea vertical y una horizontal. Aunque tengan el mismo largo, siempre la vertical parece ser más larga que la horizontal.

Ilusión Óptica:
¿Ves las dos líneas verticales? Las dos tienen el mismo largo.

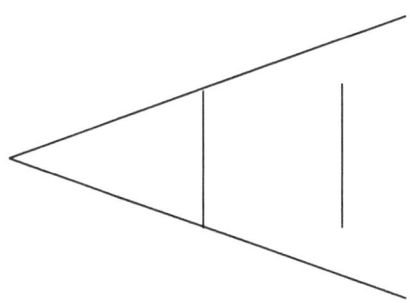

En este caso, la línea horizontal es del mismo largo que la vertical.

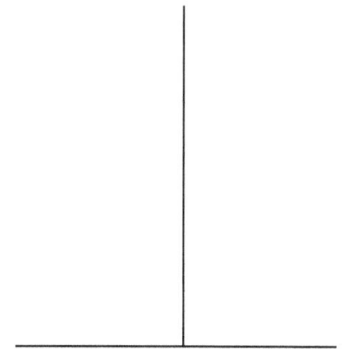

Las imaginaciones mentales y visuales, nos ayudan a pensar fuera de los confines de nuestra percepción de la actual realidad y nos hace considerar memorias pasadas y posibilidades de futuro, balanceando alternativas. A través de la imaginación, adquirimos la posibilidad de expandir nuestros pensamientos entre lo actual, lo que pasó y principalmente lo que puede ser.

Capítulo III

- **Barreras y Mitos**

Barreras

Como innovador, usted podrá encontrar muchas barreras en su camino las que tendrá que ir sorteando si quiere llegar al final trazado.

Las barreras que otros le pongan no son tan problemáticas como las que se puede poner usted mismo.

Barrera 1
Soy muy viejo para llegar a ser un innovador

No solamente el vino se pone mejor con el tiempo. La mente humana adquiere invalorable experiencia con el correr de los años, si se le mantiene activa. Pensar que usted es muy viejo para poder usar su mente, es una excusa que lo ayudará a vegetar.

Alexander Graham Bell perfeccionó el teléfono cuando tenía casi 60 años y a los 70años de edad, solucionó el problema de estabilización de balance en los aviones.

El mejor trabajo de escritura de Benjamín Franklin lo hizo cuando cumplía 84 años.

La creatividad, no tiene tiempo, y si se practica mejorará con el correr del mismo. Las indicaciones son, que cuanto más se use la creatividad, más se desarrollará el sentido y la facilidad para innovar. Esa facilidad crece ejercitándola, y contrariamente a lo que algunos creen, aumenta con la edad.

Barrera 2
No poseo las propias credenciales o título universitario

Usted está muy equivocado si piensa que las innovaciones solamente pueden ser hechas por académicos o profesionales de carrera. No necesita una licencia para ser un innovador.

Eso no quiere decir que un título universitario no sea importante, pero el no tenerlo no tiene por que privarlo de ser un innovador. Thomas Edison no era graduado en física y fue un innovador; ni Franklin, ni Steve Jobs, ni Bill Gates, ni muchos otros innovadores esperaron a que alguien los acreditara como tales.

Si usted desea aprender sobre algo y está dispuesto a trabajar fuerte, no tiene más que leer libros, asistir a conferencias y cursos cortos y dedicar parte de su tiempo a entrar en Internet, que es la mayor fuente de información existente. Si quiere hacer una carrera técnica o universitaria, mejor aún.

El saber no quita espacio y se mantiene durante toda la vida.

Barrera 3
Puedo fracasar

Claro que puede fracasar, si al probar y no acertar le llama fracaso. Si falla en algo es porque trató de hacerlo... eso que no salió como usted pensó, es parte del aprendizaje y al hacerlo ya adquirió más sabiduría que los que no lo hicieron.

La acción positiva a esa falla, lo hará ganar experiencia.

Thomas Edison, después de buscar la solución al bombillo eléctrico por más de cien veces, decía que estaba progresando en su búsqueda... nunca se sintió fracasado hasta que lo logró.

Puede que alguien se haya hecho rico con una innovación de la noche a la mañana, pero ese caso no es muy común, generalmente, se tendrá que trabajar mucho antes de llegar al punto deseado.

Tenga firmeza en lo que hace, y mantenga la palabra "fracaso" fuera de su diccionario.

El fracaso no existe.

Barrera 4
No puedo ser creativo porque trabajo para otros

Posiblemente usted trabaje para una de esas organizaciones burocráticas en donde todo se maneja con reuniones, memorandos, pólizas, procesos, reglas y regulaciones, etc. lo que deja a los empleados muy poco tiempo para pensar e innovar. De todas maneras, siempre hay personas dentro de las organizaciones que están dispuestas a escuchar. No importa cuán burocrática sea una empresa, si un innovador les propone una idea viable, detallada y planeada, la empresa estará entusiasmada y podrá hacer un estudio de mercado para verificar si la innovación puede ser rentable.

Ni hablar, que si alguien desarrolla una idea para aumentar producción, mejorar operaciones o la calidad de un producto sin ocasionar gastos o eliminando parte de los mismos, la gerencia de la empresa estará dispuesta a escucharlo.

Las empresas se miden con ventas y ganancias, y si algo ayuda a aumentarlas, nadie se opondrá a poner en práctica su idea.

Muchas empresas premian a los empleados que den ideas para una innovación o la mejora de operaciones o productos.

Si usted está en una empresa que no se interesa en crecer, es mejor que se baje del barco antes de que se hunda. La vida es muy corta, es mejor gastar su tiempo con personas que le dejen hacer mejoras para trabajar a gusto.

Barrera 5
No puedo innovar porque soy mujer

¿Quién le dijo a usted que las innovaciones solo caben en el cerebro masculino?

Fíjese en la cantidad enorme de mujeres que han patentado procesos y productos en los Estados Unidos, y rápidamente dejará de ponerse esa barrera injusta y falsa.

Desgraciadamente para nosotros, los hombres, en muchas ocasiones las mujeres han probado que son más creativas que los hombres.

Mari Anderson inventó el primer limpia parabrisas y como si esto fuera poco, Charlotte Bridgwood, lo motorizó. Dos mujeres que no tenían nada que ver con la industria automotriz, fueron las que inventaron algo que todavía no se ha podido sustituir.

Barrera 6
Estoy muy ocupado

Esa es la barrera más común.

"Por estar tan ocupado, no puedo hacer ejercicio, leer, estudiar, ordenar la oficina, limpiar el placar, y menos... innovar".

"Quisiera ser creativo pero no tengo el tiempo... tengo esposa e hijos, y numerosas actividades sociales" ¿Cómo usted pretende que tenga tiempo para pensar?

¿Usted piensa así?

Muchas personas se han dado cuenta que la manera en que han hecho dinero es sentándose a pensar, innovar y cumplir con sus sueños.

El tiempo es oro, y el oro se logra aprovechando ese tiempo en lo que puede ser más productivo. Posiblemente usted tendrá que quitarle tiempo a otra actividad para dedicarlo a pensar e innovar. Claro que está en sus manos decidir qué es lo más importante, cuáles son sus metas futuras y alcanzarlas.

Mitos

Al igual que las barreras, muchos mitos rodean este tema, pero vamos a aclarar los más encontrados o usados. Estos mitos, generalmente falsos, aniquilan la voluntad de crear e innovar. Tenemos que cuidarnos de no caer en uno de ellos cosa que nos paralizaría como innovadores.

Mito 1
Solamente los expertos pueden ser creativos e innovadores.

Falso.

En el libro "Dele a su hijo una mente superior", Siegfried y Therese Engelman escribieron algo que captó mi atención:

"El animal humano es el único en la tierra tan inteligente que puede aprender a ser estúpido"

Todos nacemos con una habilidad natural de encontrar soluciones a los problemas cotidianos, pero pocos usamos esa habilidad en nuestro provecho.

No podemos negar que muchos especialistas en un determinado campo de acción han sabido resolver problemas creando innovaciones que ayudan a la humanidad, pero también sabemos, que la enorme mayoría de las innovaciones han sido realizadas por personas comunes, con mente abierta y con ganas de resolver problemas y triunfar.

Dos artistas crearon el telégrafo, un ama de casa creó un revestimiento cerámico, otra inventó el famoso papel líquido corrector de faltas, un cocinero creó las papitas chip... en fin, podríamos llenar este libro de inventos realizados por personas comunes.

Mito 2
Ser creativo es muy difícil

Falso.

Expertos y psicólogos que estudian el campo de la mente humana y la creatividad de la misma, aseguran que la enorme mayoría, por no decir todos, nacemos con el potencial de ser creativos. Aunque la creatividad es notoria en los niños, es difusa a una edad madura, si no se le estimula.

Muchas veces, por miedo al fracaso o vergüenza al ridículo, las personas adultas deciden ocultar o no usar su mente para actividades creativas, la que al final, queda dormida en el tiempo. Ser creativo exige un entrenamiento constante y con el correr del tiempo se hace un hábito.

Mito 3
Creatividad es lo mismo que complejidad

Falso.

En el mundo de hoy, podemos confundir creatividad con complejidad, dado a las tecnologías avanzadas que nos rodean, pero déjeme decirle, que también a nuestro alrededor, hay millones de cosas simples que usamos diariamente y que podrían ser mejoradas. No necesariamente el innovador tiene que ajustarse al campo de conocimiento que posee, si no, que tiene que buscar un todo, visualizando problemas y encontrando soluciones.

Si el innovador piensa que la creatividad es complejidad, está poniendo una barrera en frente de él, que lo llevará a la inmovilización.

Mito 4
Si usted es una persona creativa, alguien lo descubrirá y pagará por su talento

Falso.

El innovador no puede esperar a ser descubierto por nadie. Tiene que constantemente demostrar su destreza como persona creativa, y tiene también (como dicen en Estados Unidos) "hacer sonar su propia corneta".

Si el innovador no es agresivo demostrando sus logros, pasará desapercibido y nunca le darán el crédito merecido como persona creativa.

Primeramente, hay que demostrar que la idea trabajará para crear una mejora o un mejor producto, y después que la idea pasó las pruebas, el innovador tendrá que asegurarse que se haga pública su innovación aunque solo sea, dentro de la empresa para la cual trabaja.

Eso le dará credibilidad como persona innovadora, y le ayudará a mejorar su posición dentro de la empresa y fuera de ella.

Mito 5
Las ideas llegan por arte de magia... no hay que trabajar mucho para lograrlas

Falso.

El mito de que las ideas son un flash en el cerebro humano es muy común entre los que no han sido innovadores. Esto puede pasar, pero en una gran minoría.

Si usted cree en eso, no tendrá la más mínima posibilidad de triunfo como innovador.

Las ideas e innovaciones no solo necesitan de una continua búsqueda, sino que también requiere un intenso trabajo en su desarrollo. Los milagros no existen, y la responsabilidad de un innovador es estar siempre con vista y mente abiertas buscando lo que se puede mejorar.

Mito 6
Esta es la mejor manera

Falso.

La mejor manera nunca es la última manera. Todo puede ser cambiado para mejor. Pensar así es lacrar la mente y prohibir el avance y la prosperidad del mundo.

La visión de seguir viviendo con las soluciones de ayer, es absurda y egoísta. Muchas empresas han tenido que cerrar sus puertas por pensar de esa manera. En el mundo competitivo en el que vivimos, no podemos darnos el lujo de dormirnos en los laureles del pasado. Constantemente, tenemos que buscar la manera de hacer mejor lo que hicimos bien por mucho tiempo, o correremos el riesgo de ser aplastados por la competencia.

Uno de los grandes problemas que atrasa al ser humano, es el pensar que "su manera es la única y la mejor".

Capítulo IV

- **Credo del Innovador**
- **10 Sugerencias**
- **Los Tres Cerebros**

Credo del Innovador

"Soy un innovador y por lo tanto mi mayor deseo es poder crear nuevas maneras, procesos, productos y todo aquello que pueda contribuir en la estructura de un futuro mejor para la humanidad y el planeta que habitamos".

"Lucharé sin descanso para obtener que mis ideas sean llevadas a cabo y aceptadas".

"Creo firmemente que cualquier cosa puede ser mejorada si se pone suficiente esfuerzo para hacerlo"

"Aceptaré el criticismo constructivo, y no pondré atención a comentarios sin bases o envueltos en envidia".

"Pondré la necesaria atención para poner en práctica mis ideas y proyectos usando sentido común para poder realizarlos de una manera económica".

"Como innovador, continuaré desarrollando ideas, estudiando posibilidades y tomando cualquier falla no como una derrota sino como una lección".

Continuamente crea en la importancia de hacer cambios.

Las puertas estarán siempre abiertas para las personas que creen en mejorar el futuro. La vida está basada en cambios y no tenemos que asustarnos al perseguir nuevas maneras.

Las buenas empresas no despiden a los empleados porque cometan un error, las buenas empresas despiden a las personas que no tratan.

Si los humanos no creyéramos en la evolución, estaríamos todavía montando a caballo, usando lumbre para cocinar, alumbrándonos con antorchas o velas o tal vez, yo estaría escribiendo este libro usando una pluma de ave mojada en tinta.

10 sugerencias:

1. Piense fuera del cubo.
2. Crea que nada es imposible.
3. Analice hasta las ideas que le parezcan ridículas.
4. No se avergüence de expresar sus ideas.
5. Haga preguntas… cualquier pregunta.
6. Sea un realizador. Aprenda por sí mismo.
7. Sea paciente, aprenda y no se desaliente.
8. Póngale metas a su vida.
9. Sea diferente pero juegue el juego.
10. No desfallezca.

Para llegar a ser un innovador, tendrá que pensar "**fuera del cubo**", separar su mente de su diaria rutina y buscar maneras de simplificar su acción.

Algunas de las personas con más creatividad logran la reputación de ser perezosas pues siempre están buscando la manera más fácil de realizar un trabajo o tarea. No hay nada mal con esto, si usted puede simplificar una tarea, usualmente será más productivo.

El resultado final es lo que cuenta.

Si un proceso puede ser simplificado manteniendo o superando la calidad, el cambio será aceptado.

El problema de un cliente es una oportunidad para la empresa. Resolver un problema creando una nueva manera o proceso, es la oportunidad más común que tendrá un innovador. El cliente, y también el competidor, están buscando la solución al problema.

El innovador tendrá que **hacer preguntas** para poder analizar qué se ha hecho hasta el momento, qué es lo que funciona y qué no, para poner su mente a pensar "fuera del cubo" y no seguir un camino erróneo.

Siempre recuerdo a uno de mis profesores de física y ciencias que nos enseñaba a ver las cosas de diferente manera.

Nos decía que la mayoría de los humanos mirábamos a través de un teleobjetivo en vez de usar una visión de un lente gran angular. Nos enseñaba, que todo se podía mejorar o cambiar, que había muchas maneras de hacer una misma cosa, si poníamos nuestra mente y nuestra visión fuera del cubo.

En una de sus clases, nos leyó del libro *"La enseñanza de la ciencia y la matemática elementaria"* donde su autor, Alexander Calandra, describe el encuentro entre un profesor y los creativos estudiantes.

En el examen, les puso el siguiente problema:

"Quiero que hoy, me digáis la altura de este edificio usando este barómetro".

Hubo un largo silencio antes de que uno de los alumnos dijera...

"El barómetro no es una herramienta de medición longitudinal. ¿Cómo pretende que le digamos cuanto mide este edificio usando un barómetro?"

El profesor, dirigiéndose al alumno con firmeza le incitó a usar una visión diferente para resolver el problema planteado.

"Tienes que abrir más los ojos y mirar las posibilidades, no lo imposible".

Casi al instante otro compañero de clase dijo:

"Si le atamos un hilo o cuerda al barómetro, nos subimos al techo del edificio, dejamos deslizar el barómetro hacia abajo manteniendo el extremo opuesto de la cuerda hasta que el barómetro haga contacto con el piso, le hacemos un nudo o marcamos la cuerda al ras de la azotea y luego medimos la cuerda, tendremos el alto del edificio".

Sin conformarse, el profesor aprobó la primera idea e incitó a que siguieran pensando.

Otro alumno, había dicho,

"Caminando por dentro del edificio, comenzando en el último piso y arrimando el barómetro a la pared, podremos contar, un barómetro, dos barómetros, tres barómetros y así hasta tener la cantidad de barómetros que multiplicándolo por el largo del mismo nos dará la altura del edificio".

Otra vez aquel profesor asintió pero dijo que tenían que pensar en ideas más cerca de las ciencias y no tan básicas.

Tímidamente un tercer alumno presentó su idea…

"Subimos al techo del edificio con el barómetro y un cronómetro, lanzamos el barómetro al vacío y cronometramos el tiempo de caída, Sabiendo el tiempo de caída del barómetro, usando la formula V= ½ al 2, podremos saber la altura del edificio".

No estando del todo complacido, el profesor empujaba para que las mentes de los alumnos siguieran creando.

"¿alguna otra idea?" Preguntó el profesor…

Y con dinamismo otro de los estudiantes dijo...

"Esperaremos que el sol esté en una posición adecuada. Pondremos el barómetro parado para que produzca sombra. Mediremos la sombra proyectada por el barómetro y la sombra proyectada por el edificio, Luego con un simple cálculo de escala podremos saber la altura del edificio".

"¿Alguna otra idea?" Insistía el profesor.

"Podemos ir al sótano donde vive el intendente, dijo alguien"… Y todos se callaron tratando de entender su idea.

"Podemos golpear en la puerta de su cuarto y decirle… -Le regalo este hermoso barómetro si me dice la altura del edificio".

Eso nos demostraba, que había muchas maneras de usar el barómetro... maneras que no son comunes, pero sí existen y se pueden poner en práctica.

El profesor nos decía que todo podía ser analizado y realizado de diferente modo... que no había una sola manera de hacer las cosas y que había que buscar dentro de nuestro cerebro, la mejor o la más práctica.

Al día siguiente, nos contó otra demostrativa historia:

¿Qué haría en esta situación?

Una empresa está buscando nuevos ejecutivos y le hizo la siguiente pregunta escrita a casi doscientos candidatos de ambos sexos y les pidió la respuesta por escrito:
Está usted en vía a su casa en su automóvil deportivo en medio de una terrible tormenta y pasa por delante de una parada de autobús y ve a tres personas:

a)   Una viejita que está muy grave y que si no llega al hospital a tiempo se muere.

b)   Un médico, muy amigo suyo, quien le salvó la vida hace un par de años.

c)   El ser más hermoso que jamás haya visto, con quien siempre había soñado y estaría dispuesto a pasar el resto de su vida con él / ella.

Como su auto es del tipo deportivo, sólo puede llevar a un pasajero.

¿Qué haría usted? ¿Cuál sería su decisión?

Este es un problema de personalidad.....

a)   La vida de la viejita está en juego.

b) Al doctor que le salvó la vida, siempre en el futuro pudiera retribuirle de alguna manera.

c) ¿Pero, cómo haría, para no perder ese perfecto amor?

De los doscientos candidatos, sólo uno consiguió el trabajo y su respuesta la encontrarás más abajo, pero antes piensa lo que harías tú en esta situación y después compárala con la respuesta de la única persona que fue contratada por la empresa.

Esta fue la respuesta de la única persona que pensó hacer lo correcto:

"Le doy las llaves del auto al doctor para que lleve a la viejita al hospital y yo me quedo en la parada y espero el autobús con la persona de mis sueños"

Aprende a ver los problemas y las situaciones que se te presenten desde otro punto de vista, así que...

EMPIEZA POR: HACER LO NECESARIO, LUEGO LO QUE ES POSIBLE Y DE PRONTO, HARÁS LO QUE PARECÍA IMPOSIBLE...

Al tiempo que sonaba la campana anunciando la terminación de la clase, nuestro profesor, nos decía que había contado estas historias para hacernos ver que no hay una sola manera de solucionar un problema. Nos pareció increíble, que hubiese tanta respuesta a algo, que al principio, por la falta de una visión más amplia, no podíamos entender.

El innovador tendrá que recordar que aunque la solución parezca complicada, nada es imposible y el resultado podrá lograrse.

Repito que tendrá que partir de la base que todo puede ser mejorado y que existen otras maneras de hacer lo mismo más efectivamente, económicamente o con mejores resultados, que su responsabilidades en la vida y en su puesto de trabajo no se limitarán a lo que esté funcionando y que los cambios son necesarios para el progreso suyo y del mundo en el cual vivimos.

Cambiar algo puede parecer complicado, hasta el momento que la rueda de la imaginación y a creatividad comience a girar y proporcionen la experiencia ganada a través de esfuerzo y constancia. Recién a ese punto, el innovador se empezará a dar cuenta que **nada es imposible** y que inventar nuevas maneras no es tan complicado.

Tendrá que desarrollar opciones y categóricamente separarlas para poder determinar con cuales de las opciones tendrá mejor oportunidad de triunfo.

Todas las ideas, aunque puedan parecer al comienzo ridículas, tendrán que ser consideradas y apropiadamente analizadas.

Es mucho más eficiente **analizar una idea ridícula**, que no tenerla. El comienzo de una innovación o invención, puede estar "minado" de ideas que a muchas personas de corta visión les pueden parecer inservibles, pero hay veces que una de esas ideas logra el objetivo deseado aunque haya que hacerle cambios.

Cuando un mesero de un restaurante de Saratoga Spring, New York, le dijo a George Crum, cocinero afroamericano, que un cliente quería que le hicieran unas papas fritas cortadas lo más finas posible y luego el cliente las rechazó por ser muy gruesas; Crum, hizo la ridiculez de cortar las papas tan finas que no solo alegraron al cliente, sino que también le dieron a Crum, la oportunidad de patentar las famosas papas chips.

Eso que parecía algo ridículo se convirtió en una millonaria industria que todavía perdura.

Cuando una idea golpea en la puerta de su cerebro, no tenga reparos o se avergüence en comunicarla a otros.

Hay veces que dos cabezas piensan mejor que una.

Una idea aunque no parezca muy buena al principio, puede ser la que guíe al grupo a encontrar una nueva solución o un producto.

Saque afuera parte de ese niño que todos llevamos dentro y comuníquese sin miedo a hacer el ridículo.

Comunicarse abiertamente es parte del aprendizaje que dejamos atrás en nuestra niñez y que nos enseñó lo que hoy sabemos.

Lo mismo, va amarrado al hecho de hacer preguntas.

Es importante y se deben hacer preguntas a los clientes, a vendedores y a compañeros de trabajo. Trate de aprender de otros acerca de lo que necesita. Cuando está buscando comprar componentes para crear una maquinaria o proceso, pregúntele a los vendedores de los mismos, ellos quieren vender su producto y a la vez son las personas mejor calificadas para enseñar acerca de ellos porque nadie mejor que ellos conocen las bondades de su producto.

Cuanto más preguntas usted haga, más podrá saber antes de comenzar el proyecto.

Sea un realizador.
Un innovador tiene que estar envuelto desde el principio en el proyecto. Será mucho mejor si está dispuesto a aprender por sí mismo. La información de segunda mano se distorsiona y resulta casi siempre en extensión de tiempo en

la realización del proyecto. Aprender duramente es una buena e inolvidable manera de aprender; es la mejor forma de almacenar en su cerebro las experiencias que harán crecer su creatividad. Aunque la idea venga de una persona en particular, muchas de las innovaciones son desarrolladas por un grupo técnico, teniendo, cada uno de ellos diferentes responsabilidades. Es importante que "el dueño de la idea" o sea el llamado innovador, esté involucrado directamente en el desarrollo de la misma. De esa manera, las diferentes opciones pueden ser probadas y reguladas de acuerdo a la necesidad que el innovador vea, aunque sean discutidas y aprobadas por el grupo.

Sea paciente, aprenda y no se desaliente.
Si su primera idea no trabaja, usted tendrá que seguir probando antes de cambiar de rumbo y cambiar a otras opciones. Esto le dará experiencia y esa experiencia le ayudará a ajustar los cambios (uno a la vez), para arribar a un final feliz.

Una de las más importantes virtudes de un innovador es el ser paciente y asegurarse de cuándo es el mejor momento para cambiar de ruta y experimentar otras opciones.

Tal vez el más familiar de los educadores en este tema es Benjamín Bloom con su modelo de "Pensamiento Crítico" Taxonomía.

Taxonomía es la ciencia de clarificar.

Benjamín Bloom describe como área mayor, la capacidad o el dominio del conocimiento. Conocimiento, de acuerdo con Bloom, es la recolección de lo aprendido antes, pero representa un lugar bajo en el dominio del mismo. Una cosa es tener conocimiento en cierta línea de trabajo o profesión, y otra es el dominio de ese conocimiento. Este conocimiento, comienza con la comprensión y la habilidad de coger todo lo aprendido con férrea voluntad e ir más allá del nivel de ese conocimiento.

Comprensión, es un nivel bajo de entendimiento.

Aplicación, es el área de jerarquía y se refiere a la habilidad de usar el material aprendido en nuevos y concretos principios y teorías. Aplicación, requiere un alto nivel de entendimiento y comprensión. El análisis y el estudio, requiere un entendimiento del contenido y de la forma estructural o material para poder llegar a la síntesis, que sería la habilidad de juntar las partes para formar un todo.

Ese aprendizaje, sobrepasa el nivel de stress creativo con mayor énfasis en la formulación de nuevos caminos o estructuras. El último nivel en la taxonomía, es la evaluación. Esta, es la habilidad de juzgar el valor del material a usar, en el propósito o la innovación. El poder juzgar lo más conveniente para la aplicación, estará basado en el criterio personal del innovador.

El aprendizaje que dejan los resultados, conocimiento, comprensión, aplicación, análisis y síntesis ayudarán en la evaluación de los procedimientos a usar.

Ponerse cortas y largas metas.

Es extremadamente importante para cualquier ser humano que desee prosperar en su vida, trazarse metas bien definidas.

Si la necesidad es la madre de las invenciones, el trazarse metas es el padre de las mismas.

Los humanos tenemos tendencia a respetarnos a sí mismos, y si se escriben metas a seguir, será más fácil el no desviarse de ellas. Una de las cosas más importantes en el proceso de una innovación, es separarla en partes con fechas de "llegada" en cada parte de la misma, sobre todo cuando la innovación va a llevar algún tiempo para su desarrollo.

En su vida personal, pasa lo mismo, usted tendrá que usar nuevamente su imaginación y hacer un análisis de futuro:

¿Dónde quisiera estar en un año, o en diez años?

Todos los caminos no conducen a Roma.

Para viajar, como para vivir o innovar, se necesita un mapa de antemano. No es para encontrar el camino más fácil, sino para poder encontrar el punto final del viaje.

Metas a corto término son importantes y son aquellas que no son tan difíciles de obtener. Las de mediano y largo tiempo, se obtendrán con la acumulación de las otras.

Piense en grande y será grande. Nada es imposible y las limitaciones no existirán si usted pone su mente en ello.

Muchas personas dirán…

- Bueno, depende de la suerte…

Permítame decirle que un innovador no puede creer en su suerte, usted puede ser lo que usted quiera ser, si trabaja duro y el tiempo suficiente. Un innovador tiene que ser un soñador y tiene que dedicarse a trabajar en sus ideas para lograr sus metas.

Su vida puede ser comparable con un proyecto de innovación pues está sujeta a un cambio continuo. Mejor dicho, su vida es un proyecto en sí, cuando usted se pone metas.

Metas, también serán usadas en la medición y el progreso de la innovación en que se trabaje. Los pasos a seguir con fechas y resultados, serán importantes en cualquiera de sus proyectos.

Un innovador tendrá que ser ordenado en esos pasos a seguir y responsable de que estos se hagan de acuerdo a lo previsto, aunque se tengan que hacer ajustes necesarios para llegar al final.

Sea diferente pero juegue según las reglas.

Las personas que poseen creatividad, generalmente son independientes y no les gusta ser distraídas con reglas y regulaciones. En el mundo de las corporaciones, tendrán que ajustarse a la manera de vestir, modales y ciertas reglas que lo ayudarán a escalar posiciones en la empresa.

Un ejemplo:

Hace ya algún tiempo, un empleado estaba cenando con el jefe ejecutivo y otros miembros de una corporación internacional. El alto funcionario de la empresa prestaba atención a la manera como el empleado tomaba el tenedor y el cuchillo, comentando y felicitándolo por lo bien que dominaba tales utensilios. Más tarde, hizo otro buen comentario acerca de la vestimenta del empleado. Este, le dijo al funcionario, que él nunca había notado que usaba los cubiertos de una manera apropiada pues esto era simplemente un hábito que venía de su familia. En cuanto a su vestimenta, comentaba el empleado, honestamente le tenía que confesar que era parte de una actuación. El nunca se sentía cómodo en traje y corbata, pero, relacionaba que era conveniente seguir las reglas de la empresa.

"Eres muy buen actor"… comentó el alto funcionario.

El empleado era un ingeniero y un innovador. Era uno de los que contribuían en el desarrollo de nuevos productos y procesos.

Al siguiente día, se realizaba la reunión anual de los accionistas. El jefe directo de aquel empleado, hizo una presentación basada en las ideas del ingeniero. Al final de su presentación el alto ejecutivo se acercó a él y le habló en el oído. Este regresó al podio, para agradecer públicamente la contribución del ingeniero y dar su nombre, el que fue premiado con un fuerte aplauso de los presentes. Cuando finalizó la reunión, el empleado se acercó al jefe ejecutivo de la empresa agradeciéndole y diciéndole a este que no tenía por qué haber hecho eso, a lo que él respondió...

"El mejor actor merece el aplauso del público".

Recuerde siempre que usted tiene que ser auténtico, pero tendrá que ajustarse a ciertas reglas si quiere crecer profesional y económicamente. Si está trabajando para una empresa o lo hace para usted mismo, el lucir apropiadamente para un evento, será su carta de presentación. Seguir ese juego propio de "adultos" desgraciadamente o no, es importante para su progreso aunque muchos piensen diferente. Un título universitario o una buena vestimenta le abrirán puertas que no se le abren a otros... lógicamente ni el título ni su "pinta" tendrán mucho que ver en su futuro si usted no puede demostrar su capacidad.

No desfallezca.
Es sumamente importante no dejarse vencer por vicisitudes que podrán aparecer durante la realización de una innovación. Del positivismo y el empeño que se ponga durante el proceso de elaboración de una idea, depende el resultado de la misma. Creo que estos consejos le ayudarán a alcanzar sus aspiraciones. Cada vez que se sienta frustrado, o decepcionado, lea estos diez pasos y nunca se entregue.

NUNCA SE ENTREGUE.

Los tres cerebros

El cerebro es una complicada máquina y para saber cómo aprovechar su potencial, tendríamos que explicar un poco acerca de su funcionamiento.

Dicen los expertos, que si uniéramos todas las células, la medida sería enorme. Su número, suma unas veinte veces la población de la tierra y existen más conexiones en un solo cerebro que las que hay en todo el sistema telefónico del mundo. Más sorprendente aún es el hecho, que los estímulos nerviosos a través de las neuronas, viajan o se mueven a más de 400 kilómetros por hora.

Aunque le llamemos cerebro como si fuera solamente uno, los seres humanos tenemos tres cerebros y cada uno es funcional en operaciones diferentes.

En el extremo superior de nuestra espina dorsal y la parte más profunda, se encuentra el cerebro llamado primario o primitivo, también llamado "reptiliano".

¿Por qué se le llama reptiliano?

El reptil posee un cerebro simple y que solo se ocupa de las funciones básicas de supervivencia, como son el control muscular, cardíaco, respiratorio y el del balance.

En lo que se refiere a la supervivencia, esa parte del cerebro es la que delinea la limitación territorial y es responsable por una conducta rígida, casi programada y sin deseos de cambio.

Un reptil, nunca investiga o analiza nuevas maneras de hacer las cosas... si elige un camino ese será el que usará el resto de su vida, jamás buscará uno más corto o mejor.

Por lo tanto, el cerebro reptiliano es reacio al cambio. Cualquier cambio irá en contra de su naturaleza.

Nuestro segundo cerebro, o segunda parte, está localizado en el área central y se le conoce con el nombre de límbico, paleo-mamífero o cerebro medio y se encuentra entre el cerebro reptiliano y la corteza exterior.

Esa es el área donde procesamos emociones y relaciones y es la parte de donde salen los comportamientos de enfrentar o evadir situaciones o decidir entre el placer o el dolor. En comparación con los mamíferos, observamos emociones como el amor, la pasión, el odio, los celos y la envidia.

El cerebro número tres, es el más conocido, se llama corteza cerebral o "neocortex" y provee la capacidad para resolver problemas, desarrollar la memoria y ser creativos entre otras funciones.

Este cerebro, tiene dos hemisferios muy definidos. El hemisferio izquierdo está relacionado con las funciones de logística, lenguaje y matemática mientras que lo relacionado con el arte, la creatividad y la música cumplen sus funciones en el hemisferio derecho. Su corteza ocupa las dos terceras partes de nuestra masa cerebral y en dicha corteza se integran las capacidades de la vista, el oído, el habla, el pensamiento y la creatividad.

Aunque parecería que el tercer cerebro podría dominar a los otros, no es así. Estos tres cerebros están conectados y sus funciones pueden ser desarrolladas de diferente manera y con diferentes resultados.

Hay personas que usan más el cerebro reptiliano y lo desarrollan al punto que pierden el interés por los cambios y el progreso que estos cambios significan.

Todos tenemos un uso desarrollado del segundo cerebro, que nos ayuda a tomar decisiones y preferencias...

El tercer cerebro es el más conocido porque también es el más usado.

Se podría decir que aquellas personas que son buenas en logística, matemáticas y lenguaje, tienen más desarrollada la parte izquierda de su corteza cerebral o "neocortex" y las que tienen facilidad para lo artístico y creativo tienen más desarrollada la parte derecha de este cerebro.

Sin embargo, la habilidad de desarrollar todas las partes de los tres cerebros a un nivel parecido, es la que ayuda a una persona creativa a triunfar.

Es indudable que el cerebro reptiliano y el límbico-paleo mamífero, tienen ciertas responsabilidades pues si en ellos no se desarrollaría la actitud del "cambio" y no se podría lograr nada de lo demás.

Como explicaba en la primera parte de este ejemplar, el ser creativo se debe a una ecuación simple y además de la imaginación, que la puede traer la parte artística del cerebro, tienen que desarrollarse la actitud y la experiencia, y todo esto es parte de la junción de las tres funciones. Lo difícil es obtener ese balance entre estas tres cortezas cerebrales, que determinan el orden, la actitud, la lógica, los cálculos y la parte artística y creativa.

Vemos en los estudios de Leonardo Da' Vinci que él sabía usar muy bien las combinaciones de las partes y en sus notas decía que un artista no podía ser artista sin entender la ciencia o viceversa. Por tal motivo, llegó a trabajar con cadáveres, cortarlos y estudiarlos. Lo demuestran los innumerables dibujos de cuerpos humanos cercenados, incluyendo un feto dentro de la matriz, dibujo que se usa hasta hoy en día en los estudios de medicina por su claridad y detalle. La inexistencia de métodos fotográficos, hacía indispensable que el científico supiera dibujar para mantener los detalles encontrados en el experimento.

Esto le daba a Da' Vinci una ventaja sobre otro ser humano que quisiera dedicarse tanto a una cosa como a la otra... tenía que haber una complementación entre Arte-ciencia o Ciencia-arte para poder ser mejor en cualquiera de ellas. Entonces, podemos decir que además de la creatividad, derivada de nuestra parte derecha del cerebro, se tiene que tener el adiestramiento necesario de nuestra parte del cerebro analítica para poder poner cualquier idea en práctica.

Podríamos llamar a estas partes como la artística y la científica.

La científica o la parte izquierda nos daría la habilidad de:

- Ser precisos y detallistas.
- Tener habilidad en las matemáticas y cálculos.
- Usar la lógica.
- Ser organizado y disciplinado.
- Siempre preparar una lista de acciones a seguir.
- Ser analista.
- Llegar siempre a tiempo a las citas.
- Leer un libro sin escapar páginas y en orden.

La parte derecha o la artística nos daría la habilidad de:

- Alta imaginación.
- Ser mejor en geometría que en álgebra o cálculos.
- Trabajar usando la intuición y no el análisis.
- Preferencia de ver el panorama completo sin analizar detalles.

- Perder el sentido del tiempo.
- Leer un libro salteando páginas.
- Desordenado.
- Bueno en pensar fuera del cubo.
- Ganar a los demás con ideas e innovación.
- Muchas veces decir lo inesperado.

A través del tiempo, se hizo creencia que las ideas provienen de un "chispazo" mental y no de un análisis basado en un proceso de razonamiento. Eso puede pasar, pero como dije antes, no ha pasado muy seguido.

Muchas veces se trabaja fuerte en tratar de diseñar un producto o de resolver un problema buscando un tipo de innovación y se llega a la frustración de no encontrar la solución dejando en el camino las ganas de lograrlo. Algunas veces, y sin saber el porqué, llega un aviso mental al que podemos llamar "chispazo" que nos da la solución a lo que estábamos buscando tan afanosamente.

Eso le sucedió a John Moran un técnico de laboratorio que se hizo millonario descubriendo y patentando una máquina automática para los análisis sanguíneos que hoy se usa mundialmente.

Moran trabajó muchos meses tratando de resolver su idea, y decidió hacer un viaje que había estado posponiendo dada la desesperación de no encontrar la solución que estaba buscando.

En el primer día de sus vacaciones, y entre sueño, visualizó un detallado diagrama de su famosa máquina automática.

La dibujó en un papel del hotel donde se encontraba hospedado y regresó a su laboratorio con la idea, en la cual trabajó por varios meses. El prototipo de la máquina funcionó perfectamente y Moran creo la empresa Hycel

Inc., que más tarde vendió a un conglomerado alemán en 40 millones de dólares.

La circunstancia de Moran dejó sorprendido no solo al mundo sino a él mismo. No ha sido la única vez que esto ha sucedido y algunas invenciones se han logrado dado a ese "chispazo" mental del innovador o inventor. Lógicamente, esto pasa en la minoría de los casos.

Lo mejor, es trabajar, y muchas empresas lo hacen, en educar al "genio creativo" o innovador, usando métodos que ayudan al desarrollo de esa función mental e individual.

Muchas organizaciones y psicólogos siguen estudiando para descubrir los secretos de la mente y cómo desarrollar sus funciones.

Personalmente, soy un convencido que la mente humana puede ser entrenada para una función o diferentes funciones, poniéndola en práctica constante. Los sentidos se pueden agudizar si uno se preocupa por hacerlo.

Como el artista se perfecciona en la pintura, escultura, música y otras artes a través de la práctica, el innovador se podrá perfeccionar en crear ideas, invenciones y nuevos métodos para su beneficio y los beneficios del mundo. La dedicación que cada uno ponga en aprender a crear, lo ayudará a triunfar en su vida. Hay veces que no vemos lo que está ante nuestros ojos si no estamos enfocados a mirar con atención las oportunidades de creación que nos rodean.

Capítulo V

- **Mi experiencia**
- **De limpiador a vicepresidente**

Quiero exponer un poco de mi propia experiencia personal y profesional y las cosas que tuve que hacer antes de poder comenzar a subir en la escalera corporativa.

Los que hayan leído mi libro "Huellas y Horizontes – 26 países en una motocicleta", habrán visto una pequeña parte de esta historia que se comenzó a plasmar cuando pasé por los Estados Unidos de América, en un viaje de aventuras recorriendo el mundo por dos años, sin dinero y en una vieja motocicleta Indian Chief de 1947.

También esa aventura se podría usar como ejemplo de que nada es imposible cuando un ser humano se propone lograr algo, si ese ser humano está dispuesto a los sacrificios y trabajo que demanda la realización de sus sueños.

Yo tenía 24 años y mi sueño era salir de mi país de origen, Uruguay, y conocer lo que había fuera de mis fronteras. Muchos dijeron que era una locura hacer un viaje así sin dinero, pero mis sueños fueron más fuertes que las opiniones negativas.

Había comenzado ese viaje estando en Río de Janeiro, Brasil, y hasta New York viajé en compañía de mi amigo brasileño Manuel Capelo.

Corría el año 1965 cuando llegamos a San Francisco, California, y el cónsul uruguayo que era tío de uno de mis amigos, nos dio trabajo en una de sus haciendas. Un día nos pidió que limpiáramos los pisos de dos enormes galpones que estaban llenos de excrementos de ovejas acumulados de años. Teníamos una semana de tiempo para hacerlo, pero sabíamos que nos esperaba un trabajo tenaz.

Viendo un tractor cerca de esos galpones, pensé que si la parte más ancha del mismo entraba por la puerta de los galpones lo podríamos usar en vez de hacer el trabajo a mano.

Después de medir la pala y comprobar que sí, pasaba por las puertas de aquellos grandes galpones, tenía que aprender cómo manejar aquella máquina que tenía la llave del arranque en su lugar.

Tratando de memorizar cada movimiento hecho al accionar cada palanca, comenzamos el trabajo que terminamos ese mismo día. Con esa pequeña idea de usar el tractor, hicimos el trabajo que estaba planeado para una semana, en solamente un día.

Cuando llegamos a New Jersey, después de atravesar Estados Unidos del Oeste al Este, buscamos cualquier trabajo que nos pudiera dar un poco de dinero para seguir el viaje a Canadá y Europa.

Sin saber por dónde empezar, compramos una edición del diario de Newark, buscando ávidamente en los avisos clasificados y nos sentimos defraudados cuando todos pedían llamar por teléfono para hacer una cita. La falta del idioma no nos permitiría eso y después de mucho buscar descubrimos uno que tenía escrita la dirección de la empresa.

Nos encontramos en una oficina y fuimos atendidos por un señor que al ver que no hablábamos el idioma nos preguntó si entendíamos portugués, idioma que Manuel y yo entendíamos y hablábamos. Manuel por ser brasileño y yo por haberlo aprendido de él y de mis tantos viajes a Brasil.

Nos dijo que el trabajo era en el ramo de la limpieza y que tendríamos que obtener un número de "seguro social" indicándonos como ir a la oficina que nos proveería ese documento.

También nos dio la dirección de donde tendríamos que presentarnos a trabajar diciéndonos que Víctor sería nuestro jefe y que hablaba italiano, idioma que yo dominaba bastante bien.

Llegamos a un área industrial de la ciudad de Newark y nos dirigimos a la dirección dada por el portugués.

Víctor se presentó contento y en buen idioma italiano nos comenzó a explicar en qué consistiría el trabajo.

Era la limpieza de dos enormes laboratorios químicos.

Eran tan grandes que el final del pasillo central, proyectaba un punto en el espacio.

Rápidamente, relacionamos que nos sería muy dificultoso limpiar estas gigantescas áreas en ocho horas de trabajo. Mi mente comenzó a buscar un método que nos permitiera organizarnos para poder cumplir con lo deseado.

Unos momentos antes, cuando Víctor nos había llevado en un elevador para mostrarnos los laboratorios, habíamos visto un carro o plataforma con ruedas y varios tambores vacíos de metal de 200 litros. Recordando esto, le dije a Manuel que tenía una idea y bajamos otra vez al vestíbulo del edificio comprobando, que en aquel carro se podían acomodar cuatro tambores de metal y que entraba en el elevador.

Sin pereza alguna llevamos los recipientes al segundo piso y comenzamos la tarea de limpiar los bancos de trabajo a cada lado de aquel interminable pasillo central.

Usando este método pudimos realizar la labor en cuatro horas. Terminado el trabajo, fuimos en busca del jefe para informarle que el trabajo estaba listo.

Víctor no podía creer lo que le estábamos diciendo y se apresuró en ir a inspeccionar. Tampoco podía creer lo que le mostraban sus ojos al ver que todo estaba perfectamente limpio. Al día siguiente, él mismo decidió ayudarnos por lo cual el trabajo se terminó aún más rápido.

Llegamos al acuerdo de hacer la limpieza entre los tres, trabajar solo tres horas y recibir el pago de ocho.

Con esta simple idea, no solo hicimos feliz al jefe sino que casi triplicábamos nuestros ingresos.

Al poco tiempo de estar en New Jersey, mi amigo Manuel se vio envuelto en un accidente y retornó a Brasil abandonando el viaje que yo seguí solo.

En esta primera etapa de mi historia traté de demostrar, que no importa el rubro en que se trabaje la innovación podrá ser aplicada, poniéndolo en el camino del triunfo. En la mayoría de los casos, el sentido común es lo que prevalece dentro de las innovaciones y lo más importante es poder visualizar soluciones a los problemas que se vayan presentando.

Con 23 años de edad, había logrado patentar en Uruguay mi primer invento que fue el famoso calentador instantáneo S.U.N.

Tenía experiencia en el campo de la ingeniería mecánica pero al llegar a Estados Unidos, la barrera del idioma no me permitía usar lo que sabía y me gustaba hacer.

Seguí trabajando en la limpieza de los laboratorios, entusiasmado por la situación y aprovechando que solo tenía que trabajar tres horas en la noche, comencé a buscar un trabajo que fuera más adecuado a mis conocimientos.

Lo encontré como operador de máquinas en una empresa que fabricaba productos de Teflón para laboratorios y medicina. Trabajando de ocho de la mañana a cinco de la tarde en el nuevo empleo, seguía teniendo la oportunidad de hacer la limpieza en la noche por tres horas.

Ralph, mi jefe directo en Chemplast Inc. era también italiano de segunda generación por lo cual no había barrera de idioma.

Como operador de máquinas mi trabajo consistía en insertar una pieza "stopcock" o válvula en un dispositivo del carro de un torno modificado, apretar un botón con el cual la pieza era movida hacia adelante y una terraja le hacía rosca a una de las extremidades. Luego remover la pieza e insertar otra repitiendo la operación. Cuando había transcurrido solamente una hora de ese tedioso trabajo, comencé a pensar en cómo realizarlo más rápido.

Cambié engranajes en la reducción de aquel torno, aumentando las revoluciones y por lo tanto agilizando el movimiento axial del carro. El segundo paso fue poner un trozo de plástico pegado con cinta adhesiva sobre el botón de arranque de la máquina lo que me permitía apretar el mismo con la rodilla, dejando mis manos libres.

Cada hora que pasaba, trataba de vencer mi propio récord.

Al final del día tuve que llenar un formulario en el cual debería anotar el número de partes hechas. Las mismas estaban almacenadas en bolsas plásticas en las que en cada una de ellas, contenían doscientas piezas. Al contarlas, me percaté que había aplicado aquella operación de hacerle rosca a nada más y nada menos que treinta bolsas o sean seis mil piezas.

Cuando le entregué aquel documento a mi jefe; incrédulo y apresurado comenzó a revisar las bolsas de plástico con la desconfianza de que hubiese puesto en ellas piezas sin hacer. Luego se dirigió a mí, diciéndome:

"No puede ser posible que hayas hecho 6000 piezas... esta máquina nunca produjo más de 2000".

Cuando le expliqué los cambios hechos en aquel pequeño torno, Ralph no podía concebir, que nunca se habían preocupado en tratar de aumentar la producción de las antes mencionadas piezas. Estos sencillos cambios triplicaron la producción diaria de aquella operación.

Solo con un poco de imaginación y la determinación de lograr algo diferente, sin ni siquiera entender el idioma inglés, me había comenzado a separar un poco de los demás empleados, demostrando una actitud diferente.

Al segundo día, me enseñaron a manejar una rectificadora sin centros, la cual era considerada una de las máquinas más complicadas de la empresa. La misma estaba dedicada a rectificar la parte cónica en el cuerpo de aquellas válvulas de Teflón. Luego de su rectificación tenían que ser inspeccionadas en un dispositivo de vidrio también de forma cónica y a través de vacío se detectaban posibles pérdidas.

La rectificadora sin centros era nueva y había sido instalada y preparada por los ingenieros o técnicos de la fábrica que la construía.

Notando que el resultado de sellar no era el requerido, pedí prestados los libros técnicos de aquella rectificadora y llevándomelos conmigo, hice traducir por un amigo que hacía años estaba en Estados Unidos y que dominaba el idioma inglés, la parte que enseñaba a preparar la máquina.

Al siguiente día, desarmé parte de la rectificadora y me dispuse a hacer los arreglos o cambios necesarios para lograr la calidad deseada.

Cuando los superiores se percataron de que la máquina había sido desarmada, comenzaron a gritarme ofuscados. Por la carencia del idioma, nunca me pude enterar lo que estaban diciendo pero siempre sospeché que no había sido nada dulce.

Se acercó mi jefe directo y en idioma italiano, pero también ofuscado me explicaba que nadie entendía aquel tipo de maquinaria y no tenían el conocimiento para hacer los cambios necesarios.

Con mucha calma y seguro de lo que estaba haciendo, le dije que no tenían por qué preocuparse pues yo me sentía capacitado para solucionar los problemas de calidad que presentaban las piezas hechas en aquella rectificadora sin centros.

Llenos de nerviosismo y ante los hechos, mis superiores se tuvieron que retirar y dejarme experimentar con la preparación y arreglo de aquella máquina.

Más tarde, vieron sorprendidos, como los cambios solucionaron un problema que llevaba allí mucho tiempo.

Yo era un simple operador de máquinas y había podido solucionar un problema que algunos lo consideraban de ingeniería avanzada. Aunque poseía conocimientos en tal materia, no era tanto por los conocimientos, sino más bien las ganas de demostrar o la responsabilidad de querer hacer las cosas bien, lo que me había impulsado a aprender y realizar esos cambios.

Lógicamente que en los momentos en que todos me gritaban expresando miedo o descontento, yo me preguntaba si el riesgo que había tomado no sería muy grande puesto que podía perder mi trabajo.

Siempre que uno se separa del grupo, existen riesgos. Riesgos sin los cuales no existe la posibilidad del triunfo.

Estos riesgos, son asociados a la oportunidad de demostrar que podemos diferenciarnos de los demás, y nos ayudan a lograr las metas impuestas por nosotros mismos.

Trabajé tres meses más en Chemplast y decidí seguir mi viaje de aventuras por el mundo.

Lo que pude demostrar en esos tres meses me hicieron acreedor a una oferta de trabajo, estudios y arreglos de papeles si algún día pensaba regresar a los Estados Unidos.

Después de recorrer parte de Canadá y 10 países en Europa, regresé a mi país de origen, Uruguay con una maleta cargada de recuerdos pero también de experiencias. Había aprendido cosas importantes como saber tomar decisiones en cuanto a cambios, pensar que nada es imposible cuando uno se pone metas y algunas tecnologías que no eran usadas en Latinoamérica.

Me encontré en mi país con lo que comencé a llamar la frase predilecta de muchos "Acá no se puede" y a los 40 días decidí aceptar la oferta de trabajo y estudios que tenía en los Estados Unidos.

Habían transcurrido muchos meses desde mi paso por New Jersey, y cuando recorrí el norte europeo tuve que aprender casi a la fuerza a poder comunicarme en el idioma inglés.

Hice una llamada telefónica a Ralph en la cual me confirmó que la oferta seguía en pie y me quedarían esperando.

En cuanto llegué a Chemplast, no solo me dieron trabajo, sino que también me enrolaron en una escuela nocturna para pulir mi mal hablado idioma inglés y me pusieron un abogado que me mantendría legalmente en el país hasta conseguir la residencia permanente.

Seguí operando aquella rectificadora sin centros por el día y estudiando por las noches.

Después de haber pasado casi un año, trabajando como operador y con mucho más entendimiento del idioma, otra idea comenzaba a formarse en mi mente.

Mientras trabajaba alimentando aquella rectificadora sin centros pensaba constantemente en cómo mejorar la producción o simplificar aquella operación.

Soñaba en como alejarme de aquel tedioso trabajo de poner piezas, una tras otra durante ocho horas diarias.

Mis pensamientos no eran basados en el no querer trabajar, sino en simplificar algo que en mi opinión era tan sencillo que resultaba aburrido.

En ese entonces, había comenzado a tomar cursos libre en la universidad de ingeniería de Newark.

No existían las computadoras y por lo tanto tampoco la automatización. Todas las operaciones se hacían manualmente y pensar en una máquina que operara por si sola era considerado un tanto ridículo. Yo había comprado utensilios de dibujo y en todo lo posible dedicaba mi tiempo a poner en papel las ideas para la automatización de aquella rectificadora sin centros.

Trabajé sin descanso hasta tener planos de ingeniería que me permitieran explicar mi idea sobre la automatización del proceso más complicado de aquella empresa.

Había diseñado algo que en estos tiempos podríamos llamar "computadora electromecánica", usando un pequeño motor con control de velocidad que movía un eje al cual estaban adjuntas 5 levas las que al girar harían contacto con llaves interruptoras "switches", los cuales podrían accionar cilindros, vibradores, u otros movimientos necesitados en cualquier automatización.

Diseñé todos los movimientos necesarios para la modificación de la rectificadora, pedí hablar con Bob Carpenter, el jefe de ingeniería y orgullosamente le hice la presentación de mi idea.

Bob era extraordinariamente inteligente pero muy poco ambicioso. Revisando aquellos prolijos planos se limitó a decirme que la única manera de evaluarlos sería teniendo los esquemas de electricidad. Los dibujos cubrían toda la parte mecánica del proyecto pero no así; la parte eléctrica.

Con solo conocimientos básicos sobre electricidad, pero sin darme por vencido prometí que en un determinado tiempo le presentaría los esquemas requeridos.

Rápidamente envié una carta a uno de mis amigos en Uruguay el cual era técnico electricista, pidiéndole me enviara libros con los cuales pudiera aprender a dibujar circuitos eléctricos.

Había tomado la resolución de no aceptar aquel NO como repuesta y seguir luchando hasta lograr mi objetivo.

En vez de tomar la acción de mi superior como una crítica, la tomé como algo constructivo y que me sería provechoso aprender. Me percaté que era importante y más conveniente, presentar un proyecto demostrando todos los aspectos, no solo mecánicos pero también eléctricos.

Al recibir aquellos libros enviados por mi amigo, comencé a estudiar la manera de entender y dibujar componentes, circuitos y conexiones. A la vez, estudiaba los esquemas de otra maquinaría existente haciendo comparaciones y anotaciones de todo aquello expuesto en el idioma inglés.

Se me había hecho un hábito llevar planos de electricidad a la escuela y hacer todo tipo de preguntas a profesores y amigos.

Rápidamente estaba entendiendo más y más de aquella nueva disciplina. Aunque tenía ciertas bases de electricidad, nunca me había interesado en la materia. Solamente la visión de futuro me daba la fuerza para estudiar todo aquello que me pudiera ayudar a obtener el resultado deseado. Era un desafío conmigo mismo.

El tan ansiado día llegó, y los planos eléctricos juntos con los mecánicos fueron presentados nuevamente a aquel ingeniero que los había pedido.

Incrédulo, analizó minuciosamente los dibujos haciendo toda clase de preguntas, a las que yo contestaba con confianza plena que aparentemente dejaba notar el entusiasmo de mi ambición.

La aceptación de la idea no fue instantánea, pero después de estudiarla aún más y asediado por mi entusiasmo, se decidió que había que realizar aquel proyecto.

Mi responsabilidad se extendió desde ordenar los componentes necesarios hasta la fabricación de ciertas partes y la culminación del trabajo.

La voluntad y las ganas de triunfar me habían llevado al punto de riesgo. Un riesgo, en mi manera de pensar calculado, y que debería de ser tomado. Era parte de mi progreso, era la oportunidad de mi vida, demostrar lo que podía hacer.

Se me asignó una cantidad de dinero y los componentes requeridos fueron prontamente ordenados.

Sin ayuda, pero con un gran entusiasmo, comencé a hacer los cambios para automatizar la primera operación de aquella empresa.

Habían pasado un par de meses y el proyecto estaba completo.

Cuando el botón de arranque de la rectificadora fue accionado y las piezas comenzaron a correr por la colisa, empujadas por un vibrador circular y llevadas al punto de eyección; empleados e ingenieros estaban ubicados para poder presenciar los resultados.

Ensimismados miraban las pequeñas piezas ya rectificadas caer en un canasto puesto allí con ese propósito.

Desde ese día ya no se necesitaría una persona para alimentar la máquina que había sido automatizada totalmente. Esa persona podría ser utilizada en otros trabajos, y ser entrenada para la inspección de las piezas rectificadas.

Los incrédulos se convencieron, y la producción de aquellas piezas se vio significativamente aumentada.

Este había sido el primer escalón en una larga escalera a subir en el mundo de las corporaciones.

El empuje, la decisión y el no tener miedo al fracaso me habían ayudado a que finalmente se me comenzara a mirar con cara diferente. Había logrado separarme del grupo.

Demostré que con ganas e insistencia había podido llegar a obtener los resultados deseados; esto, me llenaba de satisfacción.

QUERER ES PODER.

A la semana siguiente, me llamaron de la oficina para hacerme ciertas preguntas.

"¿Usted sería capaz de automatizar la operación de roscado?"

Claramente, eso me demostraba que estaban entusiasmados y contentos con los resultados vistos en la rectificadora sin centros y pensé que era una oportunidad que no tenía que dejar pasar.

"Claro que lo podría hacer… no solo esa operación sino cualquiera que sea requerida" Contesté mostrando certeza en la repuesta.
"Creo que después de lo que quedó demostrado, merecería una evaluación, que se me diera algún reconocimiento y un título acorde con mis conocimientos"

Era una frase que había estado estudiando y no pensé que me saldría tan bien.
Había quedado expuesto claramente que mis conocimientos eran superiores a los que ellos habían pensado y era momento de exigir. Indudablemente, a la empresa le convenía una persona con mis habilidades y no estaba pidiendo nada que no mereciera.
Me ofrecieron un puesto de ingeniero técnico y me dieron un departamento para mi supervisión.

Mi salario fue aumentado y este fue el comienzo para ponerme nuevas y determinadas metas. Una de aquellas metas, era lograr la total automatización de aquel departamento.

Otras incluían el seguir estudiando el idioma, seguir estudios de ingeniería, aprender funciones como gerencia y negocios y lógicamente seguir subiendo aquella escalera que se presentaba ante mí como los escalones de las oportunidades.

Sabía que nada de esto era fácil, pero también sabía que con esfuerzo y dedicación, se podía obtener. Trabajaba en el día y estudiaba por las noches. Las ideas de automatización surgían a diario. Estas eran puestas en papel y analizadas hasta el cansancio. Después de una evaluación a conciencia, las presentaba y no descansaba hasta que fueran aprobadas.

Así, con el correr del tiempo me dediqué a la automatización de todas las operaciones del departamento.

Trece diferentes procesos fueron automatizados y la producción aumento tan significativamente que se formó casi un monopolio pues la empresa podía entregar las piezas al cliente mucho más rápido que los competidores y a menor costo.

Trabajé en esa industria por 14 años.

En 1980, uno de los gerentes de departamento de Chemplast, decidió dejar su posición para probar suerte en otra empresa.

Al pasar tres meses, recibí una llamada telefónica de David Adams para saber si quería tener una reunión con él y el presidente de la empresa para la que él trabajaba. Dijo que había hablado con su jefe, Tom Coneys y que estaba interesado en conocerme.

Nos reunimos una noche, después del trabajo y después de ser presentado David y yo caminamos por la planta para que pudiera ver lo que se fabricaba en la misma y darle mi opinión.

Esta rápida visita me permitió visualizar las oportunidades que tendría yo de implementar mejoras en las operaciones.

Luego de haber realizado el recorrido y de vuelta en la oficina, el presidente de la empresa me preguntó:

"¿Qué le parece que puede hacer usted por Teleflex?"

Sin titubear, mi respuesta fue…

"Tom, si yo le digo a usted lo que yo puedo realizar para mejorar su operación, usted no me lo va a creer. Es mejor que me dé la oportunidad de demostrárselo sin envolverlo a usted en ningún compromiso".

Y luego agregué:

"Si estoy dispuesto a dejar un trabajo en el cual llevo más de catorce años… es porque en realidad estoy seguro que puedo ayudar".

Apresuradamente, el presidente me hizo una oferta de trabajo como ingeniero de proyectos con un salario adecuado.

Después de aceptar la oferta me tocaba presentar mi renuncia a Chemplast Inc.

Ya no era tan joven y quería seguir mi carrera de ascenso, profesional.

Disfrutaba de mi trabajo en el cual podía aplicar mi imaginación y creatividad la cual se iba agrandando con mis conocimientos.

Trataba de compararme con algunos de mis colegas y veía que había una diferencia de actitud y deseo de triunfar.

Estos triunfos se lograron con la aplicación de la fórmula de la creatividad.

Muchas veces me había preguntado qué hubiera pasado si no me hubieran dado la oportunidad de probarme a mí mismo.

"Creo; que tendría que haber buscado otro trabajo o juntarme a otra gente que me dejara probar."

Existen empresarios que evitan tomar acción frente a un problema. Comienzan, por rechazar el problema y formar barreras alrededor del mismo cuando un innovador quiere solucionarlo diciéndole que su idea no va a funcionar o tratan de seguir trabajando ineficientemente sin darle importancia al problema existente.

Esas son las empresas que llevaron al famoso chiste de "puertas abiertas"

"Nosotros tenemos una póliza de puertas abiertas al empleado... si no le gusta la manera en que acá se hacen las cosas, las puertas están abiertas para que se largue".

Raramente un empleador o empresa se niega a aceptar ayuda de sus empleados. Generalmente, se da mucha importancia al innovador que pueda contribuir al crecimiento del negocio, adoptando cualquier idea que pueda parecer beneficiosa ayudándolo a lograrla.

Muchas empresas dedican un porcentaje de la ganancia a la investigación y desarrollo. Esas son ideales para un innovador o inventor, pues facilitan el capital y las conexiones para la realización de sus ideas.

Muchas de las empresas medianas y grandes, están unidas a NASA y los innovadores pueden usar ingenieros muy calificados en ciertos campos como una ayuda para la investigación y desarrollo de sus proyectos.

Por otro lado, el innovador se puede encontrar dentro de un ambiente en que sus ideas no sean bienvenidas notando una fuerte adversidad de empleador y compañeros de trabajo a las mismas. Esas empresas son las destinadas a morir en el camino del progreso y la mayoría de las veces terminan en quiebra.

Muchas compañías en países subdesarrollados terminaron fracasando por haberse paralizado sin desarrollar o adquirir nuevas tecnologías para la fabricación de sus productos.

No se puede competir en un mercado internacional, si se siguen haciendo cubiertas de automóviles cuadradas y de tela cuando otros ofrecen, por el mismo precio, radiales y con alma de acero.

Lógicamente que las oportunidades siempre llegan si uno no descansa hasta encontrarlas.

Hay veces que se puede progresar en una corporación pero siempre hay un límite. Si uno ve que ese límite no está de acuerdo con las metas forjadas, habrá que hacer un cambio.

Se tendrá que encontrar otra empresa en que ese límite se amplíe, para así poder ampliar las posibilidades de un progreso que esté más cerca de lo buscado.

Esto será aplicado tanto al mundo de las corporaciones como al del negocio propio. Si un negocio propio no da las ganancias deseadas o no da ganancia alguna; es tiempo de cambiar y analizar otros caminos.

En comparación, es como cualquier proyecto. Hay que considerar opciones y si una no funciona hay que cambiar de rumbo hasta encontrar una que sí lo haga.

Es común, que un innovador cambie de trabajo una y otra vez hasta encontrar el que le ofrezca la oportunidad anhelada.

De todas maneras requerirá cierto tiempo poder demostrar su talento y sus condiciones antes de poder obtener esa oportunidad. Por lo tanto una buena dosis de paciencia es recomendable para todos aquellos que quieren llegar a conquistar cierta posición. Se necesita tiempo para hacerse conocer, y tiempo para que pueda ser evaluado.

Tenemos que hacer hincapié en que nadie da nada por nada.

Demuestre y nunca pida antes de haber demostrado.

Me considero con suerte, al haber trabajado solamente en dos empresas durante mi carrera profesional y el haber encontrado en las dos de ellas personas con visión de futuro y dispuestas a cambios.

Había trabajado 14 años en Chemplast y luego vi otra oportunidad que no pensaba dejar pasar.

También me había dado cuenta que en la primera empresa había comenzado desde cero, había llegado a cierto nivel y me era más complicado seguir avanzando.

El día que entregué una carta renunciando a mi posición, el dueño de la misma me invitó a almorzar y a conversar tan largo que terminamos cenando juntos.

Mr. Hopkins no quería que me fuera y me hacía toda clase de ofertas a las que yo rechazaba.

Llegué a decirle, que por lo que él me estaba ofreciendo me habían estado pagando mal por muchos años… esto lógicamente lo ofendió y la conversación finalizó en no muy buenos términos.

La división de productos médicos de Teleflex Inc. era una pequeña parte de una empresa de ingeniería envuelta en diferentes disciplinas.

Esa división, se dedicaba a la fabricación de tubos de plástico (Teflón) de pequeño diámetro, los que más tarde eran usados para la construcción de productos médicos.

Aunque sin experiencia en la extrusión de tubos se me encomendó la realización de un proyecto en el cual habían estado experimentando otros ingenieros por varios años sin resultados positivos. Esto consistía en la construcción de un tubo que encerrara en su pared líneas de material radio-opaco para que en caso de ruptura dentro del cuerpo humano pudiera ser detectado por los rayos "X".

El material radio-opaco (Varium), tendría que quedar totalmente encapsulado pues no podía tener contacto con las células sanguíneas del paciente.

No parecía un proyecto fácil, pero con la confianza en mí mismo y poniendo a trabajar mi imaginación y sentido común, puse manos a la obra diseñando herramientas, fabricándolas y estudiando opciones y posibilidades.

Me percaté, que el tiempo de estabilización de temperatura en aquellas máquinas era de muchas horas y que si las apagaba cada día nunca podría analizar resultados.

Decidí que la única manera de probar mi idea era quedándome en la planta cambiando de operadores sin dejar parar la maquinaria. Durmiendo de a ratos, arriba de la mesa de conferencias, mantenía un récord y hacía los ajustes necesarios para tratar de lograr mi propósito.

Así, algo que otros habían estado tratando por muy largo tiempo quedó realizado en menos de tres meses.

Esto me garantizó mi posición permanente y me dio la oportunidad de demostrar lo que podía hacer por la empresa. Seguramente otros habían tratado algo similar pero no dedicaron el tiempo necesario para poder lograrlo.

Hay veces que ese kilómetro extra es lo que se requiere para triunfar.

Comencé a insistir en que la empresa se dedicara a fabricar productos médicos en vez de vender el tubo para que los clientes agregaran la ganancia al ofrecer el producto terminado.

Noté la incredibilidad de Tom cuando me decía que esto era algo muy difícil de lograr. Yo no lo veía así. Todo se podía realizar teniendo o adquiriendo el conocimiento adecuado.

La insistencia era tal, que Tom decide darme la autoridad para diseñar y fabricar productos.

"La división se muda a New Hampshire y queremos que usted venga con nosotros".

"Bueno," contesté. "La verdad es que no son mis deseos vivir en el norte del país. Como usted sabe a mí no me gusta el frío".

Al momento, se notó la frustración en el rostro de mi jefe.

Tan notorio fue su gesto, que me pareció conveniente comenzar una posible negociación.

Al comienzo de la conversación, se podía ver claramente la necesidad o el interés expresado por Tom en que yo siguiera en la empresa.

Esto me dio más incentivo para una mejor negociación.

"Como usted comprenderá, dije, mi señora tiene un buen trabajo y tendría que dejarlo".

"Esto se puede solucionar"…contesto Tom "La empresa está dispuesta a aumentar su sueldo en la total compensación del sueldo de su esposa".

"También comprenderá"…expresé…" que yo no puedo soportar una hipoteca aquí y pagar por el alquiler de una casa allá".

"No se preocupe... la empresa le proporcionará una casa en el área de trabajo y le prestará dinero sin interés para que usted construya una nueva vivienda. Cuando tenga la oportunidad de vender su propiedad aquí, podrá devolver ese dinero".

Yo escuchaba incrédulo y todavía sin mucho interés en mudarme seguí pidiendo.

"También tendría que hacer algo pues mi casa necesita algunos arreglos para poder ponerla a la venta".
"¿Qué arreglos?" -preguntó Tom.
"Bueno...más que nada mano de obra".
"Digamos...que nuestra empresa pusiera gente para hacer el trabajo sin ningún costo de su parte... -¿Estaría usted dispuesto a mudarse?"
"Usted dirá que trato de abusar pero le aseguro que no es así. ¿Qué posibilidades tendría de que me proporcionaran un automóvil".
"Pongámosle fin a esta negociación"...dijo el jefe accediendo también a esa petición.

El negocio quedó cerrado y no muy convencido, me mudé al norte del país.
La empresa, tenía dos diferentes divisiones, en Jaffrey New Hampshire, no muy lejos una de las otras.
Teleflex había comprado tierras, y edificó un edificio para acomodar estas dos divisiones bajo un mismo techo.
Una de estas divisiones, fabricaba cables eléctricos de alta temperatura y estos estaban recubiertos de Teflón, plástico diseñado para este propósito. Se usaban tres máquinas de extrusión vertical con una altura equivalente a tres pisos del edificio. Cuando llegó el momento de re-instalar este tipo de maquinaria en la nueva planta, se pensó que la manera era

remover parte del techo en el lugar designado para la instalación de las mismas, y transportarlas con el uso de un helicóptero.

Lógicamente, era una proposición extremadamente peligrosa y cara y la operación estaría parada por mucho tiempo, en lo que se corría el riesgo de perder parte de las órdenes a entregar y la posible pérdida de muchos clientes.

La decepción de la gerencia era mucha, pues no se encontraba la manera eficiente de hacer el traslado de la maquinaria al nuevo local.

Yo comencé a pensar "fuera del cubo" y ofrecí mi ayuda para mover estas máquinas en una manera sencilla y sin perder producción. Sorprendido, el personal de gerencia preguntaba ansioso como podía lograrlo.

Hicimos una reunión especial, donde expliqué mi idea:

"Tendría que contratar a tres diferentes empresas para realizar el trabajo".

"¿Cómo cuáles?" Preguntó el presidente de esa división.

"Necesito una empresa de electricistas, una que trabaje en acero (cortadores y soldadores) y los que se encargarán de mover cada una de las máquinas."

"La idea es la siguiente": proseguí explicando:

"Las máquinas de extrusión vertical, están montadas en unas vigas de acero tipo "H" que se extienden desde la base hasta el punto más alto y los tubos o cilindros son removibles.

En esas vigas, están las cajas que llevan los cables eléctricos, los cuales serán marcados numeralmente en dos lugares y cortados al medio de las marcas.

Después de removidos los tubos y las resistencias los trabajadores del acero, fabricarán unas planchas con agujeros para que estas puedan ser atornilladas a cada lado de las vigas, que serán cortadas en dos partes a la altura de cada piso. Las vigas serán cortadas al centro del lugar donde estas planchas de acero van a ser localizadas en la instalación.

Los encargados de mover el equipo, pondrán una polea en el lado de adentro del techo, que sostendrán las vigas a ser cortadas, y las bajarán al piso una a una junto con la caja de los cables eléctricos ya cortados pero no removidos de las vigas.

A su vez; la base de la máquina será instalada en la nueva planta, y los trozos de vigas serán llevados y atornillados usando las planchas anteriormente fabricadas a la base y a las otras partes de las vigas que serán llevadas una a una por los encargados en mover el equipo y levantadas con poleas al igual que cuando se bajaron de la otra planta.

Los electricistas, empatillarán nuevamente los cables antes numerados, los cilindros serán instalados nuevamente y la máquina quedará conectada para comenzar a producir.

La maquinaria será movida una a la vez, y no se sacará de producción la próxima máquina hasta que la anterior comience a producir en la nueva planta".

Los que escucharon esta explicación se habían quedado sin habla. Se miraban unos a otros sin saber lo que decir u opinar.

Yo no sabía si los había convencido o si no creían en lo que les había propuesto.

El punto es, que no tenían ninguna solución más fácil o adecuada a seguir y se me encomendó el proyecto.

La idea funcionó perfectamente, y todas las líneas de extrusión estuvieron listas en menos de una semana sin la necesidad de parar la producción.

La operación fue simple y económica. Había pensado "fuera del cubo" y fui muy bien remunerado por mi idea.

Hay varias maneras de hacer un trabajo, y hay que tener la mente abierta para que las ideas fluyan y puedan aplicarse.

No demoró mucho tiempo para comenzar la nueva tarea de diseñar los esperados productos médicos y mi jefe sugirió la fabricación de catéteres dilatadores y la sábana que los acompaña.

Comencé a hablar con médicos cirujanos y a asistir a operaciones donde se usaban dichos catéteres.

Tuve la oportunidad de observar los problemas que estos doctores tenían que afrontar al usar el producto existente, y esto me dio la habilidad de diseñar algo superior evitando los problemas que tenía el competidor que en realidad eran mecánicos.

El producto consistía en un catéter semi-rígido que tiene otro por fuera llamado sábana y es de una pared extremadamente fina. Se introducen los dos juntos en la vena cava y luego de insertar el alambre guía que transporta lo deseado para limpieza o llegada al corazón del paciente, se puede remover en catéter y dejar solamente la sábana.

Muchas veces, cuando se introducía el dilatador junto con la sábana, en la vena cava, la piel del paciente se metía entre sábana y dilatador y se tenía que comenzar nuevamente dicha operación usando un nuevo catéter.

La idea entonces, era el diseñar y fabricar una sábana que tuviera una punta diferente para evitar la abertura entre los dos componentes y la introducción de piel del paciente entre estos.

Lo logramos, fabricando una sábana con punta en forma de bala, y la maquinaria para producirla. Al ser introducida, la punta de esta, tendería a cerrarse sobre el dilatador en vez de abrirse sin permitir la entrada de piel entre la sábana y el catéter dilatador.

Estudiar o analizar el porqué se ocasiona un problema, es el primer paso para poder encontrar la solución al mismo.

Visualizando esa solución, y trabajando fuerte y con dedicación para lograrla, es el camino al éxito.

Ese fue el primer producto de muchos otros que lo siguieron, que Teleflex Medical ponía en el mercado y que tuvo muy buena aceptación.

Más tarde, estuve envuelto en el ramo de anestesia para la cual había diseñado catéteres para aplicaciones "epidurales" usando la técnica del tubo con material radio-opaco encapsulado e irrigación más efectiva, conectores de jeringa de diferente diseño, para el mismo proceso y muchos otros productos superiores, los que lograban separar a la empresa de sus competidores. Había diseñado, patentado y fabricado productos terminados, abriendo nuevas puertas para la empresa, que podía ofrecer al mercado algo superior y diferente.

La visión de Tom y la inversión de dinero que había hecho, cumplía sus propósitos.

No había pasado mucho tiempo, cuando la empresa quiso entrar en la fabricación de un producto conocido como "guide wire" o alambres guías.

Este producto es usado, como expliqué antes, introduciéndolo a través de un catéter dilatador en la vena cava del paciente, por su elasticidad sigue la trayectoria arterial hacia el corazón y es generalmente usado para limpiar obstrucciones o para la expansión de la misma arteria guiando un globo en una operación llamada "angioplasty".

Uno de los problemas, era que este producto, parecido en parte a una cuerda bordona de guitarra, o sea como un fino resorte con almas internas, era fabricado sobre un mandril o eje de alambre, que por su poco diámetro no podía alcanzar los largos deseados, cosa que se necesitaba según el tamaño o la altura del paciente.

Comencé a buscar otra industria que fabricara resortes sin utilizar un mandril o eje, y encontré en Briançon Francia, una empresa que fabricaba resortes de suspensiones para camiones con una tecnología única, que era la de hacer estos resortes empujando el grueso alambre entre herramientas especiales que lo llevaban a la forma helicoidal. Llamé por teléfono a esta empresa, y conseguí que me permitieran una visita a la misma.

Viajé a Paris, y de allí en tren directamente a Briançon en un recorrido que duró toda la noche. Llegué un día de invierno y al bajar del tren, vi ensimismado el desfile de esquiadores caminando entre la densa nieve.

Los directivos de la empresa me estaban esperando e hice una visita que se prolongó por dos días.

Observé atentamente la tecnología que usaban para fabricar los mencionados resortes, tomé nota y fotografías y comencé mi viaje de regreso lleno de nuevas ideas.

Pude diseñar una máquina en miniatura de lo que había visto en Briançon, y en un par de semanas, ya estaba ordenando los componentes necesarios para la fabricación de la misma.

Con ayuda de mi plantel de ingenieros, construimos la primera máquina, que puso a la empresa al frente de estos productos siendo la única que podía ofrecer alambres guías de cualquier largo.

Hay veces, que las tecnologías existen y son usadas por otras industrias y en otras disciplinas, pero esto no quiere decir que no se puedan adaptar a diferentes productos.

Todos estos proyectos me habían llevado a ser Director de Investigación y Desarrollo aumentando tremendamente mis ingresos, y el estándar de vida mío y de mi familia.

Una hermosa casa fue construida en cuatro acres de terreno y solamente los largos inviernos me hacían pensar en si habría hecho una buena decisión al aceptar la posición en New Hampshire.

Para ese entonces, Tom manejaba también la empresa de cables de alta temperatura y un día me consultó en un proyecto para la empresa General Dinamic que consistía en la producción de los arneses eléctricos para un nuevo tanque de guerra.

Creo que conociéndome, trató de plantar la semilla de la curiosidad que empezó a crecer dentro de mí para después preguntarme si podríamos estar envueltos en ese proyecto.

Revisé los planos y me di cuenta que tendríamos que fabricar los componentes del arnés que consistían en cajas de bronce, conectores, codos, y una serie más de piezas que tendrían que ser maquinadas. De mis tiempos en Chemplast, conocía a un amigo que había aprendido muy bien a operar los primeros tornos NC, y que yo sabía hacer la programación.

NC, por Control Numérico eran las primeras máquinas automáticas de ese tiempo y pensé que para fabricar las partes requeridas era una buena opción.

Contacté a John y le pregunté si estaría dispuesto a mudarse a New Hampshire ofreciéndole trabajo.

Confirmado este primer paso comencé a buscar maquinaria de ese tipo para poner la propuesta a Tom y hacer una cotización para el proyecto "Tach-Am".

Ganamos la propuesta y formamos otra división manejada por mí que se llamó "Interconect System".

Los negocios seguían creciendo y la empresa capitalizando en ellos.

No se borra de mi memoria, el día en que recibí una llamada de Tom que estaba de viaje de negocios en el estado de Florida.

"Te necesito acá mañana para que evalúes una empresa que pensamos comprar" me dijo casi imperativamente.

Al día siguiente, estaba volando con rumbo a Tampa con la idea de hacer una revisión de las operaciones de una empresa que fabricaba un catéter de tres "lumens" o conductos.

Llegué temprano y en ese momento Tom y los directivos de la empresa estaban reunidos en una conferencia.

Como me estaban esperando, pedí permiso para caminar dentro de la planta que lucía extremadamente moderna.

Comencé a observar las operaciones y me di cuenta que la mayoría de los empleados hablaban español, por lo que podía acercarme más a la realidad cuando les preguntaba el tiempo de cada operación. Fui poniendo números en mi cabeza y había aprendido mucho en esa caminata por la planta.

Cuando me llamaron al cuarto de conferencias y me presentaron a los directivos de la empresa lo primero que pregunté era en cuanto se vendían los catéteres en el mercado.

Se sorprendieron cuando les dije que estaban perdiendo dinero pues costaba más fabricarlos que el precio de venta.

Les di un estimado de las operaciones y Tom me miraba incrédulo pero ya sin más ganas de seguir negociando.

Hay veces que las empresas crean un show para poder ser vendidas. Un poco de trabajo y una pequeña investigación cambiaba totalmente el panorama.

A la semana, esa misma empresa me estaba haciendo ofertas para que me mudara a Tampa.

Yo estaba contento con mi trabajo pero disgustado con los fríos inviernos de New Hampshire.

Con varias patentes de invención en mi nombre, y ya conocido en el ramo, muchas veces había recibido llamadas y cartas de empresas que me ofrecían oportunidades en áreas menos frías que New Hampshire y otras tantas veces me había sentido tentado de aceptarlas.

En uno de esos fríos inviernos tomamos la determinación de mudarnos al sur del país donde el clima estaría más de acuerdo conmigo y con mi familia.

Siempre me había caracterizado por tomar decisiones rápidas y esta iba a ser una de ellas. Pusimos la casa a la venta y con mi señora e hijos partimos hacia el estado de Florida.

En el camino me entrevisté con empresas que estaban dispuestas a contractarme y después de disfrutar las vacaciones en el Sur del país, regresamos a New Hampshire.

La empresa de bienes raíces nos dio la noticia de que la casa se había vendido y yo había regresado con dos buenas ofertas de trabajo.

Había llegado el momento de renunciar a mi puesto en Teleflex y cambiar de domicilio a un clima mejor.

Antes de presentar mi renuncia, recordé que uno de los vicepresidentes de Teleflex me había dicho que nunca me fuera de la empresa sin dejárselo saber.

Llamé a Gus y le comuniqué mi situación, por lo cual me pidió que esperara unas horas que tenía que hablar con algunas personas.

No había pasado una hora, cuando recibí una llamada telefónica de un vicepresidente de Sermatech International, otra división de Teleflex.

Este me dijo que quería hablar conmigo personalmente y que llegaría en el avión de la empresa al siguiente día.

El resultado fue una oferta para trabajar en Sermatech International, la división de aeronáutica en donde se desarrollaban y aplicaban revestimientos cerámicos a los rotores de turbinas de aviación.

Yo, no tenía ninguna experiencia en ese tipo de trabajo y comencé por evadir dicha oferta. La propuesta era tentadora y sabía que tenían una planta en el estado de la Florida. Traté de explicar mi falta de conocimiento en ese ramo de ingeniería hablando sinceramente y sin tapujos.

De todas maneras, creían en mí y me ofrecían una posición envidiable, con buena remuneración, pero, tendría que operar desde la oficina central en Pensilvania.

Pensé que sería conveniente quedarme dentro de la misma empresa y al mes nos mudamos a Valley Forge en el estado de Pensilvania.

Me habían asignado una oficina muy bien puesta y designado una secretaria particular. Querían que visitara las 19 plantas de Sermatech y que fuera aprendiendo sobre revestimientos y aviación en sí.

No tenía ninguna clase de experiencia en esa disciplina pero pensé que podría poner una visión diferente innovando procesos y operaciones.

Los revestimientos en estos componentes prevenían la corrosión en los mismos y al aplicarlos en las paletas o alabes del compresor, hacían crecer la eficiencia de la turbina, ahorrando mucho dinero en combustible.

Viajé el mundo visitando las 19 plantas de la empresa y aprendiendo sobre mi nuevo trabajo. No tenía conocimiento en este ramo, y pensaba en otros posibles usos de aquél revestimiento cerámico que tanto ayudaba a los usuarios de turbinas de aviación.

Comencé a poner en práctica herramientas especiales que ayudaban a crecer la productividad y enviaba documentación a las plantas para que fueran usadas, premiando a cualquier empleado que diera una buena idea.

Luego de hacer eso por unos meses, pensé que tenía que proponer algo más importante y creativo y la idea más lógica, fue la de investigar si el mismo revestimiento podría ser aplicado en las grandes turbinas industriales, generalmente usadas para mover generadores y producir electricidad.

La reacción de mis colegas, compañeros de trabajo y superiores fue desalentadora pues pensaban que eran partes demasiado grandes para la aplicación de aquel revestimiento. No aceptando un no por repuesta, me propuse a estudiar ese nuevo mercado y comencé a visitar plantas productoras de electricidad, a hablar con ingenieros a cargo de las mismas y aprender todo lo relacionado a la producción de electricidad y sus problemas.

Muchos de aquellos ingenieros se mostraban escépticos a las ideas, pero aceptaban que la corrosión y la ineficiencia, eran dos problemas bien definidos en dichas plantas.

"¿Por qué, lo ven imposible?"... -Era mi pregunta.
"Bueno, es que el costo de desarme de un rotor es muy alto.

Además, en los días en que la turbina no produce electricidad, se está perdiendo dinero".

"¿Y si le aplicamos el revestimiento cerámico al rotor sin desmantelarlo?"

"No… sería imposible, puesto que el revestimiento tiene que ser curado a alta temperatura y por la expansión de materiales, se podría estropear el rotor."

"No si se calienta y se enfría gradualmente, controlando la expansión de los materiales. Yo estaría dispuesto a diseñar todo el equipo especial". Seguía insistiendo.

"De todas maneras no podríamos transportar los rotores a una de sus plantas para que se le aplique el revestimiento, son muy grandes y sería dificultoso y caro transportarlos"... comentaba más de uno escépticamente.

"Podríamos hacer una unidad móvil y aplicar el revestimiento en sitio".

Al fin de tanto "contra" con su debido "pro"... los ingenieros de planta comenzaron a ver la posibilidad de que el trabajo podría ser realizado y se comenzaron a interesar en tan difícil proyecto.

Sentía que ya había ganado la primera batalla que era la de hacerle ver al posible cliente las posibilidades y ventajas que representaría el revestimiento en el compresor de aquellos gigantescos rotores.

El mercado existía y eso era la parte más importante. Si había mercado habría ventas y ellas traerían ganancias.

El segundo paso era poner en práctica el plan, diseñar la unidad móvil y convencer a mis superiores para que me proporcionaran el dinero y poder llevar a cabo el deseado proyecto.

Puse manos a la obra.

Conseguí las dimensiones de todos los posibles rotores industriales existentes y haciendo templados comencé a jugar con un diseño de tipo modular para que el equipo pudiera entrar en un contenedor que fuera permitido para circular dentro de todos los estados del país.

Cuando los diseños estuvieron terminados, me enfrenté a mi jefe, el presidente de la división, para tratar de obtener el dinero necesario para la construcción de la unidad móvil.

Cuando mi jefe y otros superiores se enteraron de la idea, les pareció descabellada y me comenzaron a poner todos los "peros" imaginarios.

Como todo estaba tan bien planificado y cada pregunta tenía su contestación adecuada, después de varios debates mi jefe me dice:

"¿Qué promesa tiene usted de los clientes?"

La contestación fue otra pregunta, rápida y fácil:

"¿Quién va a prometerme nada por algo que no existe todavía? Usted me está preguntando ¿qué viene primero, el huevo o la gallina? El mercado está allí y estoy seguro que podríamos capitalizar con la idea".

Sin más objeción, el dinero fue dispuesto para la construcción de la unidad y su terminación fue prometida para tres meses después.

La gigantesca unidad estaba lista y toda la maquinaria sería transportada en un contenedor de cuarenta pies de largo, ocho pies de ancho y nueve de alto. Contaba con bases modulares donde descansaban tres columnas que tenían en su parte superior dos rodillos donde descansaría el rotor soportado en esos tres puntos para ser girado durante el proceso, una gran tienda provista de una barrera térmica, la que mantendría a la gigantesca parte a una temperatura y humedad indicada por el proceso, otra tienda que se instalaba   dentro de la tienda mayor para el enarenado de la parte a ser procesada y que luego de cumplido el proceso de enarenado se removía en ruedas, y un gigantesco horno modular de alta temperatura fabricado en dos mitades, el que se cerraba abriendo los dos costados de la gran tienda haciéndolo rodar en los rieles que eran parte de esta unidad y en forma de cruz con la base modular. Este horno, era completamente computarizado, y se podría programar para una temperatura "en rampa" para poder controlar la expansión de los materiales del gigantesco rotor.

Para lograr todo esto, tuve que recurrir a consultar a ingenieros de NASA que me ayudaron en el proyecto con ideas y calculaciones.

El primer trabajo de recubrimiento cerámico de uno de estos rotores "en sitio", se realizó en una planta productora de electricidad en San Ángelo, Texas con magníficos resultados.

La empresa comenzó una campaña de promoción y con la fabricación de otras tres unidades movibles para cubrir negocios en el resto del mundo, en dos años se duplicaron las ventas.

Esto trajo como consecuencia, remuneraciones de acuerdo con lo realizado.

Había logrado convencer a los posibles clientes y también a mis superiores de que eso que a todos les parecía imposible se podría lograr para capitalizar en la idea.

El no haberme dejado vencer por las opiniones negativas de los que tienen menos visión o los que tienen miedo a arriesgar, había dado otra vez los frutos deseados que siempre estuvieron basados en una actitud positiva.

Otra de las grandes innovaciones fue el poder reparar discos de turbinas industriales que eran extremadamente caros y los fabricantes originales tenían problemas en fabricarlos y entregarlos en un tiempo prudencial.

Comencé a investigar y me di cuenta que los discos que se cambiaban siempre presentaban desgaste en la zona de los álabes llamada cola de paloma o "dove tail" los cuales tomaban juego axial y se corría el peligro de rupturas e ingestión del material en la turbina causando pérdidas catastróficas.

Sermatech ofrecía un tipo de revestimiento de plasma de alta velocidad (polvo de metal aplicado a alta temperatura con gases inertes y fundidos al substrato). Se me ocurrió desarrollar la reparación de los discos, cosa jamás hecha antes.

Otra vez comenzaron las opiniones contrarias y negativas, las que dejaba pasar sin poner mucha atención, continuando el desarrollo de un proceso nuevo para la reparación de discos de turbinas.

Pruebas de laboratorio, control de adhesión, medición y control de espesor daban por seguro que el proceso sería exitoso.

Con una carpeta llena de datos positivos, enfrenté a mi jefe con la nueva proposición de reparar discos de turbinas.

Este se negaba a darme la aprobación, pues decía que pondría a la empresa en contra de los fabricantes de turbinas que notarían una reducción en las ventas de estos extremadamente caros componentes. Yo, no daba "mi brazo a torcer" explicándole que estaba proponiendo el uso de un revestimiento a un componente y él estaba negando su aplicación.

Después de una larga discusión, llegamos al acuerdo de aplicar el proceso, pero, le llamaríamos restauración, y no, reparación.

Esto, según él, aplacaría en parte el mal olor de enfrentar una competencia con los fabricantes de turbinas, que a su vez, eran clientes de la empresa.

Se realizaba una conferencia de turbinas industriales en la ciudad de Orlando, en el estado de Florida y mi intención era presentar en esta convención, la restauración de discos.

Mis superiores me pidieron que se exhibiera el proceso pero, de una manera moderada (casi oculta) para no herir las susceptibilidades de los fabricantes.

La exhibición fue todo un éxito, y los usuarios hacían fila para apreciar esta nueva "reparación" o lo que nosotros llamábamos restauración.

Una parte que podía costar cientos de miles de dólares, podía ser restaurada por una ínfima parte del costo.

Los fabricantes se contentaron con el proceso pues en muchas ocasiones tenían problemas con los usuarios por la demora en la fabricación de las partes.

De esta manera, las ventas siguieron creciendo y fue el comienzo de otra era, para la empresa expandiendo el nombre en un nuevo mercado, y a la vez sus ganancias.

En 1988, mi jefe directo, el presidente de Sermatech International, me llama a mi oficina y me invita a almorzar.

Llegamos a un restaurante del área y después de pedir unos tragos me dice:

"¿Te gustaría ocupar el puesto de vicepresidente de Gator Guard y ser Gerente General de Sermatech en Florida?"

La empresa había adquirido una parte de Pratt & Whitney en West Palm Beach, Florida y pensaba juntar las dos operaciones dentro de un mismo edificio.

Me di cuenta que si bien podía dirigir operaciones de ingeniería nunca había tenido experiencia en el área de negocios.

Lógicamente el poder vivir en un clima más cálido me entusiasmó grandemente y no quería dejar pasar la oportunidad de hacerlo. Después de que mi jefe me hizo una oferta por demás tentadora, le pedí un poco de tiempo para pensarlo.

Como mi oficina estaba en la central de la empresa, tenía aseso a información de cualquiera de las 19 plantas y me enteré que la planta de Florida estaba dando pérdidas y habían cambiado de gerencia varias veces.

Las ganas de mudarme a ese estado y la ambición de progreso me decían que tenía que aceptar el cargo. Por otro lado, sabía que podía hacer muy bien el trabajo de ingeniería como vicepresidente de Gator Guard pero también sabía que no estaba capacitado para dirigir negocios en la parte que correspondía a Sermatech. No tenía experiencia en ventas, contabilidad, mercadeo, recursos humanos etc. De todas maneras pensaba que todo esto lo podría ir aprendiendo y sería algo más para agregar a mis conocimientos.

Reuní a los compañeros de trabajo en el cuarto de conferencias de la oficina central. Estaban los directores de Recursos Humanos, Contabilidad, Mercadeo y Ventas, un Abogado y hasta mi amigo Gus.

Les dije lo siguiente:

"Roy me ha ofrecido un puesto de vicepresidente de la nueva empresa adquirida y de gerente general en Florida"

"Como se pueden imaginar me gusta la idea de poder vivir allá, pero sé que no tengo los conocimientos necesarios para poder sacar del pozo a una parte de la empresa que no está funcionando."

"La única manera que podría hacerme cargo, sería si ustedes se comprometieran a ayudarme, por lo menos al principio hasta que pueda aprender lo que al momento no sé."

Casi al unísono, todos me dijeron que tomara esa responsabilidad y que ellos estaban dispuestos a trabajar conmigo en esto que para mí era una nueva aventura. De allí mismo llamé a mi señora para decirle que nos mudábamos a Florida.

Sin dejar enfriar la propuesta, nos mudamos ese mismo mes y comencé a trabajar en mi nueva oficina.

Desde el primer día me encontré en un entorno poco amigable y al estudiar la situación de esa parte de la empresa me di cuenta que no iba a ser nada fácil arreglarla.

Sabía que necesitaba aprender y que un gerente no puede hacer nada si no se rodea de empleados capaces y que trabajen juntos en los problemas a solucionar.

Entrevisté a cada uno de los empleados principales como gerentes de planta, control de calidad e ingenieros. Hice una lista de preguntas que me llevaban a evaluar a cada uno y decidir quiénes se iban a quedar y quiénes no.

Tenía 72 empleados y las perdidas eran de 1.5 millones por año.

Revertir esto me costaría bastante esfuerzo y hasta llegue a pensar que mi jefe me estaba tendiendo una trampa para hacerme fracasar.

Tomé decisiones y con la ayuda del director de Recursos Humanos despedí a nueve personas incluidos gerentes de planta y control de calidad, dándome cuenta que a algunos les faltaba preparación y otros no estarían dispuestos de acatar las nuevas reglas del juego. A ese punto, los que quedaban cambiaron un poco los comentarios hacia mi persona y me di cuenta que algunos de ellos trataban de unirse a mis ideas aunque no muy convencidos.

Comencé a entrevistar posibles empleados clave en el norte del país donde podía encontrar personas más capacitadas.

Así, cree un plantel y los negocios comenzaron a mejorar.

Di orden a los vendedores para que se familiarizaran y trataran de negociar con las plantas eléctricas de Florida y estados adyacentes y así comenzamos a capitalizar en lo ya inventado.

Esto me llevó a conseguir una gran oportunidad para un trabajo que se volvió uno de los proyectos más complicados, y era el aplicar revestimiento cerámico a 14 rotores industriales en el término de tres meses.

El proceso tomaba quince días por rotor y era prácticamente imposible el poder completar el trabajo de catorce de ellos en noventa días. El problema a resolver, era el encontrar la manera de realizar este trabajo en corto tiempo, pero el proceso no podía ser cambiado, o sea, cada uno de esos rotores, llevaría un mínimo de quince días para la aplicación de dicho revestimiento.

Desde el mismo principio, recordando a Henry Ford, pensé en realizar este trabajo formando diferentes estaciones en una línea de producción.

El problema, no menos grande, era que este tipo de componente llegaba a pesar 50,000 kilogramos y no sería nada fácil el movimiento de estación en estación.

Hice cálculos, y no cabían dudas que la única manera sería la de hacer este trabajo en línea, pero, tenía que pensar en resolver el problema de transportar el pesado componente, rápido y de una estación a otra. Lógicamente, pasaron por mi mente sistemas convencionales, como instalar una vía de tren dentro de la empresa y hacer el movimiento de las partes rodando carros en que cada uno de ellos transportaría un rotor.

Abrí una de esas tantas revistas industriales que recibía diariamente, y creí encontrar la solución observando cómo las empresas de mudanza "Riggers" movían maquinaria pesada desde un lugar a otro dentro de una planta industrial.

Allí encontré un aviso de unos componentes llamados "air bearings" o rodamientos de aire, que estaban conformados por vejigas de aire que conectadas a un compresor se inflaban hasta formar una hendija en su parte inferior que estaba contra el piso. La pérdida de aire entre la vejiga y el piso, podía levitar pesos extraordinarios.

Me contacté con los fabricantes de estos dispositivos, y quedó claro, que con poca presión de aire, pero con gran volumen, y usando cuatro de estos componente debajo de un chasis especial, se podría levantar y transportar la cantidad de miles de kilos necesitada.

Diseñé chasis especiales acoplándoles un control con sistema de tracción y freno al frente y en la parte trasera de estos, para poder guiar el movimiento, y se instalaron las diferentes estaciones por donde estos pesados componentes tendrían que pasar y ser procesados.

Se dio uso a uno de los hornos de las unidades móviles teniendo en cuenta que sería imposible fabricar hornos en tan corto periodo de tiempo. Se fabricó un gigantesco gabinete de enarenado y limpieza y otro con control de temperatura y humedad para la aplicación del revestimiento y la operación se logró con éxito en menos tiempo de lo esperado.

En menos de treinta días el equipo estuvo pronto para operar.

Así se hizo este trabajo millonario que al principio parecía un imposible.

Hablando de imposible, un día recibí una llamada telefónica de la empresa Jacksonville Electric invitándome a una reunión para tratar de resolver un problema en un disco de turbina.

Los álabes tenían juego y querían saber si podíamos restaurar el disco pero, sin tener que desarmar la turbina, o sea sin quitar el rotor de su carcasa.

El problema que se les presentaba era que Westinghouse no disponía de la parte y perderían mucho dinero durante la espera de fabricación.

Llegué al lugar y allí también estaban los ingenieros de la empresa fabricante de la turbina que querían escuchar mi presentación. Había preparado unas diapositivas con dibujos de la idea y la manera en que quería realizar el trabajo.

Se quitaría la tapa superior de la turbina, se removerían los álabes del disco a reparar y montando un robot encima de la caja se le podría aplicar el revestimiento de tungsteno a las cavidades gastadas del disco.

Tuve la impresión que todos habían quedado convencidos y contentos con la presentación y regresé a mi oficina esperando que me llamaran con la decisión del caso.

Al día siguiente recibí la esperada llamada pidiéndome precio por el trabajo. Mi repuesta fue firme y coticé la restauración del disco en $150,000.00 dólares. Cuando mi jefe se enteró, me dijo que yo estaba loco si pensaba que me iban a pagar ese monto para restaurar el disco. No era en sí el trabajo, si no la pérdida que significaría para la empresa el no tener esa turbina produciendo. Westinghouse demoraría en la entrega y el precio de un disco nuevo, superaba los $400,000.00.

En la tarde me enviaron la confirmación de la orden y se hizo el trabajo que nos benefició a todos.

La empresa siguió creciendo, y de los 72 empleados quedaron solamente 31. La pérdida de 1.5 millones por año se convirtió en una entrada de 7.6 millones.

Esto se logró al poner en funcionamiento otra de mis ideas que era un sistema de entrenamiento cruzado que explicaré más adelante.

En 1999 fui nombrado vicepresidente de implementación de tecnologías para todas las plantas de Sermatech Internacional.

Antes de terminar este capítulo que titulé "de limpiador a vicepresidente" y en el cual enseñé algo de mi vida profesional, quisiera decir que lo antes mencionado fueron algunos de los muchos proyectos realizados por mí dentro de las empresas que me permitieron hacerlos.

Las actitudes positivas llevan a formar una imaginación y creatividad ilimitada.

No hay que dejarse vencer por la negatividad de otros.

Depende de ti el poder superarte, recuerda que:

Si piensas que estás vencido... lo estás.

Si piensas que no te atreves... no lo harás.

Si piensas que perderás... ya has perdido.

Tenemos que usar todos los recursos que están dentro de nosotros mismos, para llegar a ser innovadores.

Con una manera de pensar positiva, desarrollaremos una intuición y podremos tomar resoluciones casi inmediatas, sin pasar por largos procesos de razonamientos.

Es también necesario, el empleo total de la voluntad y fortaleza para poder llevar a cabo los emprendimientos.

Capítulo VI

- **El riesgo de las innovaciones**

Cualquier cambio o innovación significa un riesgo, pero el no innovar y el no hacer cambios significa un riesgo aún mayor.

Para que una empresa crezca y sea competitiva en el mercado mundial, la innovación y el riesgo que esta representa, es sumamente necesaria para fortalecer sus operaciones y sus ganancias.

Antiguamente, las innovaciones se notaban más en las pequeñas organizaciones que no tenían mucho que perder y estaban obligadas a hacerlas para poder agrandarse.

Hoy en día, todas las empresas, no importando el tamaño de las mismas, tienen que seguir innovando no solo para crecer si no, para subsistir en un mercado competitivo que lo requiere.

Esas corporaciones están creando condiciones dentro de ellas, para que el individuo pueda experimentar, innovar y desarrollar ideas que ayuden a su crecimiento.

Actualmente, nadie se puede dar el lujo de quedarse quieto... todo cambia y no hay que esperar a que aparezca un competidor que ponga en peligro el negocio que está andando.

No solamente ingenieros y científicos pueden ser catalogados como únicos en las innovaciones, sino también los demás empleados. El departamento de finanzas, compras, secretarias, derechos humanos, gerencia media, alta gerencia... en fin, cualquiera puede ser un innovador dentro de las empresas que así lo permitan.

Cualquier innovador tiene que tener el suficiente valor como para correr ese riesgo.

El positivismo que exista en cada uno, y la entrega personal, será una parte esencial para llegar al triunfo.

Muchos encontramos una satisfacción extrema, con el solo hecho de poder demostrar nuestras ideas. Esa satisfacción se transforma en la mejor recompensa que un ser humano pueda experimentar.

Todo en nuestra vida, tiene un cierto riesgo.

Cuando se trata de hacer una innovación si la idea se transforma en una invención, ese riesgo se duplica.

Tenemos que recordar que allí están los que no arriesgan, esperando nuestro fracaso para poder señalarnos con el dedo.

Pero, si analizamos a cualquier triunfador, nos daremos cuenta que en su momento corrió ese riesgo particular que requiere cualquier triunfo.

El que desee seguir en el camino del progreso, el que quiera separarse del grupo, el que quiera llegar a ser un triunfador, nunca lo podrá lograr sin tomar ese riesgo.

Es natural que una idea pueda fracasar, pero, si tomamos ese fracaso como una enseñanza y seguimos adelante, probando con otras opciones, tarde o temprano conseguiremos el triunfo.

Constancia, es una actitud muy importante en la persona que se decida a ser un innovador.

Humildad, es otra de las características que tiene que poseer un innovador. Tiene que aprender que él, no lo sabe todo y que hay especialistas en las diferentes disciplinas.

Siendo humilde y haciendo preguntas a los que saben más que él en una materia específica, el innovador adquirirá experiencia día a día y los proyectos estarán mucho mejor encaminados hacía el triunfo. Cuando una persona cree que lo sabe todo, es cuando deja de aprender. Nadie está capacitado para ser experto en todo.

Muchas veces, el innovador necesitará envolver a otras personas para que el proyecto pueda ser llevado a cabo.

Cada una de estas personas tendrá su parte específica para resolver y todo marchará como piezas de un enorme rompecabezas que quedará terminado a la finalización del proyecto.

Generalmente, todo o casi todo está inventado.

Mantener simplicidad en las ideas, ayuda enormemente en el desarrollo de estas.

Una máquina es solamente un conjunto de componentes puestos juntos.

Una idea de producir algo más económicamente es solamente reducir el tiempo de fabricación u operación sin sacrificar la calidad del producto o tarea.

El único riesgo que corre un innovador es el de no conseguir un buen resultado de su idea en el primer intento.

Si este individuo está preparado con opciones subsiguientes "por si falla" usando la primera idea, todo será cuestión de tiempo.

Siempre tenemos que partir de una base; todo es posible si se le pone paciencia, ganas, y el tiempo necesario para lograrlo.

Tenemos que recordar que una buena empresa despide al empleado que no trata, no, al que falla tratando de mejorar un producto o una operación. Si una empresa despide a un empleado por fracasar en tratar de hacer algo mejor, esta no es una buena empresa y de todas maneras es mejor alejarse de ella.

Muchos innovadores prefieren trabajar por su propia cuenta.

Estos arriesgan aún más, pero su recompensan puede ser económicamente y satisfactoriamente mejor.

Cuando se trata de un proyecto grande en donde pueden estar envueltos riesgos millonarios, son las grandes empresas las que tienen más aceptación para que sus clientes o futuros clientes experimenten la idea y tomen ese riesgo.

Un individuo, usualmente no posee el capital y los seguros que posee una gran empresa.

De una manera u otra, siempre se estará expuesto a un riesgo que estará de acuerdo con el triunfo final.

Más es el riesgo que se toma el innovador y/o la empresa para la cual trabaje, mayor será el triunfo monetario que se obtendrá si la idea resulta triunfadora.

Lo más importante es no dejarse avasallar mentalmente por el miedo al fracaso. Lo peor, como dije arriba, es el "Status quo" o sea el mantenerse siempre igual.

El progreso de un ser humano, un país o cualquier otra entidad, será logrado por cambios permanentes. Nada es para siempre y eso lo muestran las nuevas tecnologías que nos abruman día a día. Esas nuevas tecnologías son creadas por personas con visión y que apuestan todo a sus propias ideas. Personas con un gran respeto de sí mismas, que nada ni nadie pueden detenerlos cuando se enfocan en hacer un cambio. Personas con ambición de triunfo y ganas de progreso que no se asustan ante lo imprevisto y que arriesgan una posición para lograr otra mejor.

Esos son los innovadores que en parte nos dan comodidades modernas que no existían. Los que han logrado expandir sus ideas para el bienestar de los pueblos del mundo.

Otra vez quiero aclarar que no estoy hablando solamente de científicos, ingenieros, matemáticos, industriales y otros profesionales; estoy hablando de gente común con deseos de mejorar su posición económica y social usando el poder de las innovaciones.

No importa en qué ramo usted trabaje, siempre existen oportunidades de innovar algo, ya puede ser un proceso, una manera de aumentar la producción, acortar el tiempo de realización usando métodos no usados comúnmente, en fin, las oportunidades son muchas para mencionarlas pero existen.

Hay una manera sencilla de descubrir a un innovador:

En donde la mayoría de las personas ven un problema, el innovador trata de analizarlo y de encontrar la solución al mismo. Cualquier solución, no importa en qué campo, puede ser vendida por el innovador. Recuerden que una solución a un problema, se puede convertir rápidamente en un nuevo producto para un mercado.

Vuelvo a repetir, que innovar significa riesgo, pero este riesgo generalmente calculado por el innovador, bien vale la pena correrlo.

Si la persona hace las cosas con la buena fe de ayudar a la empresa y su progreso, el riesgo de perder el trabajo será mínimo.

Si lo hace en su propio beneficio arriesgando el capital de él mismo, el riesgo será solamente ese capital y si sigue insistiendo logrará el triunfo.

Hay muy pocos innovadores que han fracasado.

Los que fracasaron es por no haber insistido en sus esfuerzos.

Edison trató más de cien veces antes de haber triunfado con la lamparilla eléctrica, pero, lo logró.

La actitud de la persona unida a su confidencia y constancia, son sinónimos de triunfo.

Capítulo VII

- **Diferentes innovaciones**

Gran angular

Tenemos que mirar las cosas con una visión de lente gran angular, o sea, no solamente a la distancia o hacia adelante si no también hacia los lados. Teniendo ese tipo de visión, usted podrá notar que a su alrededor hay una infinidad de problemas por resolver y por lo tanto una infinidad de oportunidades para innovar.

Analizando las diferentes maneras que podrían usarse en una innovación, usted podrá poner junto un plan de acción, demarcando diferentes opciones y organizándolas de tal manera que la más indicada al triunfo esté en primer lugar y así sucesivamente con las demás opciones. Si la que se trata en primera instancia no resulta, se irá pasando por las demás hasta encontrar la solución, aprendiendo a su vez, cual es la mejor opción para realizar el proyecto.

Esto es casi un requisito cuando el innovador trabaja para una empresa responsable. Una típica innovación comienza con una propuesta y aunque el innovador "venda" su idea a la empresa, esta, antes de aceptarla tendrá que realizar ciertos pasos para estudiar su factibilidad.

Primero, tener una definición clara del problema a solucionar o del artículo a innovar o crear.

Segundo, asegurarse que tendrán la aceptación y el soporte de las personas que serán responsables por la investigación y desarrollo de la misma.

Tercero, hacer un minucioso estudio de mercado, para calcular cuánto tiempo llevará la depreciación del costo y cuál será la recaudación enfocándose en la ganancia bruta.

Eso estará determinado en un preciso análisis del costo y tiempo que delegará el llevar a cabo la innovación desde la idea al uso.

Generalmente, las personas innovadoras, tienen la habilidad de ser visionarios e individualistas, en lo que se refiere a soluciones de problemas, innovaciones e invenciones, pero ocasionalmente dan comienzo a una innovación por su propio impulso. O sea, si el problema es expuesto tienen la habilidad de buscar una solución... si se mantiene callado, el problema pasa desapercibido.

Con mi experiencia de muchos años en la industria y el conocimiento de muchas empresas, he podido apreciar que la gerencia es la que empuja a la innovación y motiva al individuo a que piense en hacer cambios o exponer soluciones a diferentes problemas.

Solamente un pequeño número de innovadores, visualizan el problema, analizan las posibilidades y son capaces de desarrollar la solución, sin ser avisados por otros. Esto les da más valor en su carrera corporativa.

Muchos pueden darse cuenta de los problemas, pero son muy pocos los que pueden solucionarlos de una manera práctica y conveniente.

Cuando la empresa tiene un mecanismo formal ser un innovador es una especialidad.

Las innovaciones se llevan a cabo a través de un grupo de individuos. Generalmente guiados por el innovador. En muchas ocasiones, esto puede afectar al innovador solitario, que está acostumbrado no solo a aportar nuevas ideas sino también a ponerlas en práctica.

Está comprobado, que muchas de las grandes innovaciones nacieron en organizaciones o grupos pequeños donde todos se sintieron parte de la idea.

El innovador por lo general es un tipo orgulloso de su habilidad creativa y ese mismo orgullo lo hace trabajar tan fuerte en sus ideas que las posibilidades de triunfo son casi ilimitadas.

Disfruta de su trabajo siempre que el ambiente le sea propicio y no desea subir en la escala corporativa si lo sacan de su entorno.

Sin ir más lejos, podemos apreciar la situación de Bill Gates, que dejó la presidencia de su empresa en otras manos por que prefirió seguir creando. Algo parecido sucedió con Steve Jobs que contrató a una persona para que fuera su jefe.

Proyectos:

Los proyectos pueden ser variados y diferentes dependiendo en que ramo se presente el problema.

Cuando mencioné al principio, como fue resuelto el problema de poder limpiar dos pisos de laboratorios químicos en unas pocas horas, usé este ejemplo real para que el lector pueda ver que no importa en el ramo que uno esté trabajando, siempre se puede innovar.

La innovación estará ligada a resolver un problema que puede ser de producción, de oficina, mecánico o de cualquier otra índole.

Generalmente el punto final es el de innovar para mejorar algo que ya existe o inventar un nuevo producto que resolverá un problema existente o aliviará una tarea.

Tanto un ingeniero como un barrendero o un doctor, podrán tener la capacidad de innovar si adquieren la actitud necesaria para hacerlo.

Cuando nos referimos a automatización, por ejemplo, nos referimos a la manera de realizar una operación manual automáticamente con el menor uso del ser humano. Todo lo que se hace manualmente se puede automatizar y no es una tarea muy difícil. En este mundo moderno, existen muchas máquinas automáticas de Control Numérico Computarizado

C.N.C. pero hay ocasiones en que existe la necesidad de crear un tipo de maquinaria especializada para una operación determinada. El mercado tiene todos los componentes necesarios para lograr cualquier tipo de automatización.

La experiencia del innovador es lo que ayudará a decidir los componentes que debe usar para lograr su propósito.

Aconsejo, firmemente que una máquina automática sea hecha con componentes existentes. Esto aliviará los futuros problemas de mantenimiento y el encontrar partes rápidamente si en caso se necesitan.

También es aconsejable, el no tratar de diseñar una máquina que produzca varias operaciones por sí misma. Recuerde que si se daña una de las operaciones, no podrá producir el producto ni seguir fabricando piezas. Es mejor automatizar operación por operación, pues en caso de mantenimiento o ruptura, la producción del producto no quedará totalmente paralizada.

Nunca automatice algo que no haya sido tratado manualmente. Es mucho más sencillo y menos riesgoso, automatizar con el conocimiento de los problemas encontrados en una operación manual, que comenzar la automatización desde cero. No con esto quiero decir que sea imposible, pero si, es más sencillo.

Cualquier operación automatizada, dará mejores resultados de repetición en la calidad del producto que una operación manual.

El punto más fuerte en cuanto a demostrar el porqué de una automatización, es el control de calidad del producto. Hay otras ventajas obvias, como el aumento de productividad. Una máquina automática, no falta por enfermedad, no toma descansos o almuerzo, no discute, no odia a su jefe, no pide aumento de sueldo... etc.

Cuando se piensa en innovar un producto, ya sea mejorándolo o diseñando algo nuevo, tenemos que pensar que el cambio se adapte al nuevo mundo de la globalización.

Tenemos que enfocar nuestras ideas en el consumo y mercado mundial y estar seguros que podremos competir.

No importa que buena sea la idea o el producto, si no estamos en condición de competir en calidad y en precio. Esto está determinado por el consumo global, y habrá veces que se tendrán que sacrificar ganancias o invertir en maquinaria de alta producción para poder competir en dicho mercado.

Una idea, es una muy pequeña parte de una realización o triunfo. Si no existe una necesidad o un mercado dispuesto a gastar en ella, esa idea se vuelve nada.

Nunca se debe gastar en el desarrollo de un producto, sin estar completamente seguro que existe el mercado para el mismo. No hay que innovar o inventar solamente por el hecho de hacerlo.

Vivimos en un mundo comandado por capitales y en donde el dinero es una cosa muy importante para la economía de los pueblos y de las empresas. Todo es medido en plata y es una prioridad para el innovador, enfocarse en algo que ayude a captar capital.

Cuando la innovación se trata de maquinaria o equipo, primeramente se tendrán que analizar las conveniencias que pueda ofrecer la misma, su costo y en cuanto tiempo estará recuperada la inversión. Es sumamente importante hacer este análisis, pues hay veces que no se puede absorber el costo en un término prudencial o las ventajas que esta pieza de maquinaria o equipo ofrece, no califica para salir adelante en un mercado competitivo.

También, como se ha dicho antes, una innovación puede ser en un sistema o proceso.

Una innovación puede influir en un sistema de contabilidad lo mismo que en el departamento de Recursos Humanos, para demostrar la honradez de la empresa en cuanto a la distribución de oportunidades y de igualdad entre sus empleados.

Para poner un ejemplo de innovación en lo referente a recursos humanos y la flexibilidad e igualdad de oportunidades que una empresa ofrece a sus empleados, voy a explicar detalladamente una idea que me ayudó mucho en mi posición de Gerente General.

Uno de los grandes problemas que afronta un gerente, es el control de salarios y la distribución de los mismos entre sus empleados.

Lógicamente, el mejor o el más versátil, ganará más que el menos versátil.

El problema de una de mis operaciones estaba enfocado en que era cíclica. Un mes había trabajo en ciertas áreas y al siguiente mes en otras. De los 72 empleados que tenía la operación siempre había un mayor porcentaje sin tarea que realizar pues cada uno era un especialista en su ramo.

Para aliviar ese problema, surgió la idea de la creación de un sistema que permitiera el entrenamiento del empleado en varias disciplinas "cross training" dentro del mismo techo y como se podría motivar a ese empleado a tener la versatilidad necesaria para aprender y cubrir diferentes áreas cuando fuese necesitado.

Increíblemente y sin pensarlo, esto también ayudó, a romper las discusiones de quien gana más y porqué.

Se creó una Matriz vertical, horizontal en la cual se pusieron en su parte de arriba el nombre de cada operación, y en el costado izquierdo el nombre de todos los empleados.

Se trazaron líneas que formaron cuadrantes entre las operaciones y los nombres. A cada cuadrante se les trazó una cruz dividiendo el cuadrante en cuatro.

Ejemplo:

Luego, se usó un sistema de puntos negros los que se posesionaban en cada división del cuadrante y dictaminaba la capacidad del operador en esa particular disciplina.

Ejemplo:

Un punto negro = En entrenamiento

Dos puntos negros = Operando con supervisión

Tres puntos negros = Operando solo

Cuatro puntos negros = Capacitado a entrenar a otros

Nombre	Ope. # 1	Ope. # 2	Ope. # 3	Ope. # 4
Pedro	● ●	● ● ● ●		
José	● ● ● ●	● ● ●	●	
Juan		● ●	● ●	● ●

A esa tabla se le agregó una escala de sueldos para las diferentes operaciones y servía como motivación.

La matriz fue puesta en la cafetería y todos la podían ver. La competencia creada ayudaba a la empresa a tener empleados más versátiles   para posicionarlos en la operación necesaria.

Esto, también sirvió para reducir la cantidad de personal ofrecer mejor pago al empleado por sus servicios, y a la vez, aumentar tremendamente la productividad entregando los trabajos siempre a tiempo.

Claro, que en tiempos de aumento de sueldo, se tomaba en cuenta la actitud, personalidad y puntualidad del empleado.

En gerencia, es importante reconocer las habilidades del empleado y pagarle debidamente por lo que produce.

Dejar que el empleado participe en la operación de la empresa forma un ambiente de honradez, respeto y responsabilidad de las dos partes.

Las innovaciones pueden ser hechas en cualquier área o disciplina. Lo importante es buscar formas diferentes a las tradicionales.

Separarse del núcleo que piensa que si las cosas se hicieron así por veinte años, no hay porqué cambiarlas.

Todo se puede mejorar. Algo que usted hace hoy, si sigue pensando y buscando otra manera de mejorar, estoy seguro que la encontrará.

Existen hoy en día, sistemas de control de calidad y también de productividad.

La fábrica japonesa Toyota, por ejemplo, creo un sistema revolucionario de productividad que es usado actualmente en todo el mundo.

El Sistema de Producción Toyota, (TPS) dejó demostrado que utilizándolo, se puede aumentar la producción de cualquier manufactura en un 100% al 400% según el caso.

Este sistema revolucionó las industrias, porque demostró que la manera más productiva es hacer una pieza a la vez y no como siempre se pensó que era más productivo fabricar en masa. Con este revolucionario sistema, no solo se produce más, sino que también se controla el inventario de materiales pues no se mueven más piezas que las necesarias en cada operación.

Por ejemplo:

Si se fabrican cien piezas en grupo, y en la primera operación se gasta un minuto, se tendrá que esperar cien minutos antes de que las cien piezas pasen a la segunda operación.

Supongamos que la segunda operación llevará también un minuto por pieza, se necesitarán otros cien minutos más para terminar la misma; o sea, que para ésta dos operaciones se necesitan doscientos minutos. El sistema de "solo una pieza por vez", la primera pieza lleva un minuto y las otras demorarán otros noventa y nueve minutos para las dos operaciones, o sea, cien minutos en total. En este ejemplo, estamos aumentando la productividad en un 100%.

Sistema Tradicional vs. 1 Pieza Por Vez

100 piezas a la vez (tradicional)

	Proceso "A"	Proceso "B"	Proceso "C"
Tiempo de proceso (min.):	1	1	1
Tiempo del ciclo (min.):	100	100	100
Tiempo total:	**300 minutos**		

1 pieza a la vez

	Proceso "A"	Proceso "B"	Proceso "C"
Tiempo de proceso (min.):	1	1	1
Tiempo total:	**102 minutos** (3 minutos para la primera pieza + 99 minutos para las otras 99 piezas)		

En este ejemplo se pierden 2/3 de tiempo usando el sistema "en masa".

PROCESO CON POSICION SEPARADA	UNA PIEZA A LA VEZ

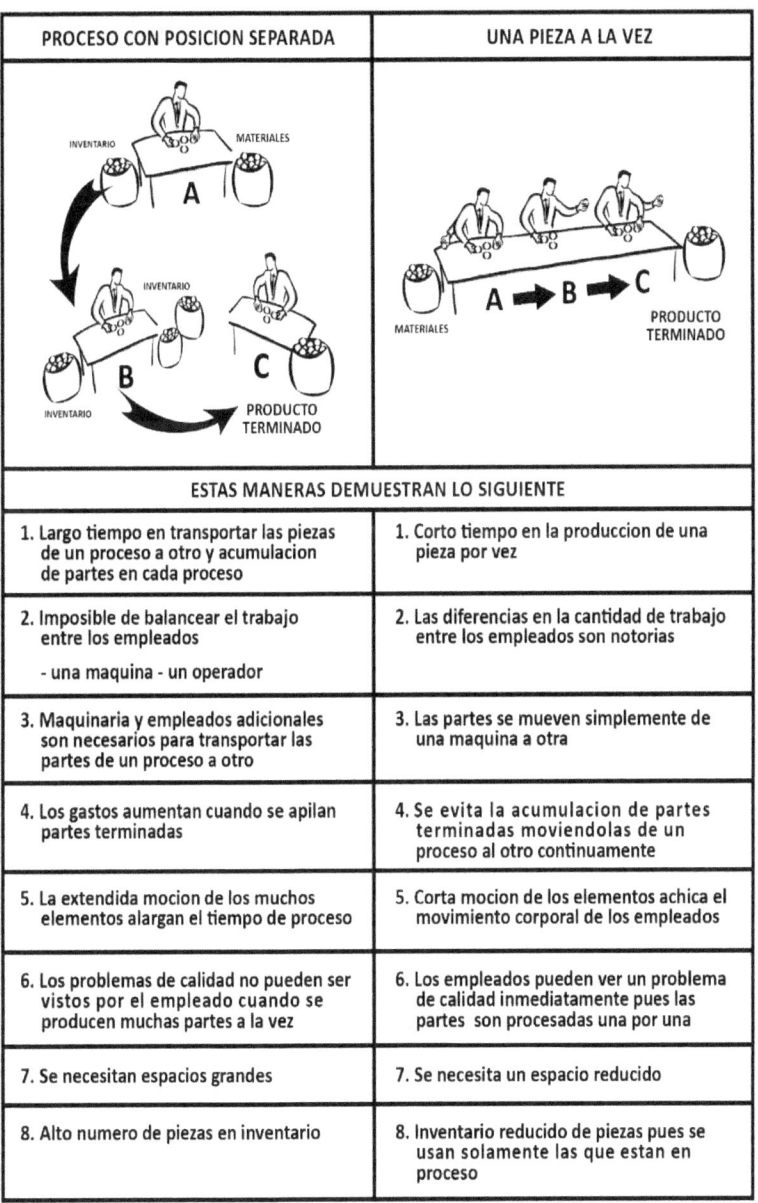

ESTAS MANERAS DEMUESTRAN LO SIGUIENTE	
1. Largo tiempo en transportar las piezas de un proceso a otro y acumulacion de partes en cada proceso	1. Corto tiempo en la produccion de una pieza por vez
2. Imposible de balancear el trabajo entre los empleados - una maquina - un operador	2. Las diferencias en la cantidad de trabajo entre los empleados son notorias
3. Maquinaria y empleados adicionales son necesarios para transportar las partes de un proceso a otro	3. Las partes se mueven simplemente de una maquina a otra
4. Los gastos aumentan cuando se apilan partes terminadas	4. Se evita la acumulacion de partes terminadas moviendolas de un proceso al otro continuamente
5. La extendida mocion de los muchos elementos alargan el tiempo de proceso	5. Corta mocion de los elementos achica el movimiento corporal de los empleados
6. Los problemas de calidad no pueden ser vistos por el empleado cuando se producen muchas partes a la vez	6. Los empleados pueden ver un problema de calidad inmediatamente pues las partes son procesadas una por una
7. Se necesitan espacios grandes	7. Se necesita un espacio reducido
8. Alto numero de piezas en inventario	8. Inventario reducido de piezas pues se usan solamente las que estan en proceso

El sistema está diseñado en una operación de células. Cada célula produce una de las operaciones del producto y pasa de estación en estación hasta la estación final del empaquetado.

Si la mayoría de las operaciones requieren un minuto y hay alguna que requiera más, estas operaciones lentas se duplican o triplican para lograr que al final de la línea salga una pieza terminada y empaquetada para su envío al cliente en un minuto.

Nota:

Curiosamente, las células tienen que ser diseñadas para que las partes pasen de derecha a izquierda pues está comprobado que es la manera más rápida. Esa es la primera demostración que hacen los ingenieros de TPS. Reúnen a un número de personas en un salón, y pasan un lapicero o cualquier otro objeto hacia un lado y hacia el otro cronometrando el tiempo.

Con el sistema TPS, se ahorra en el uso de capital de inventario que está muerto o parado, que se necesitaba para alimentar el viejo sistema de producción en masa. Con esta innovación, la empresa adquiere solamente los materiales necesarios para la orden y los transporta de operación en operación, una pieza a la vez. Otra de las grandes ventajas de este sistema, es el completo control de calidad. Si se encuentra un defecto en una de las operaciones, ese defecto es reparado al instante y la pieza mala no sigue su camino a la aplicación de la siguiente operación. Usualmente, cuando se sigue un proceso en masa total, el defecto es detectado muy tarde y ya se ha invertido material y tiempo de trabajo en una pieza que terminará en la basura.

Capítulo VIII

- **Orden y participación**

Orden

Es extremadamente importante, que al tener una idea de cómo innovar o hacer mejoras en cualquier área o producto, esto se haga organizadamente.

Las innovaciones son cambios y estos cambios pueden representar riesgos diferentes, los que tendrán que ser analizados de antemano.

Primeramente se hará un estudio mental del proyecto.

Después que se surque y se trabaje mentalmente en la idea básica, se tendrá que poner por escrito en una forma o planilla los pasos a seguir o preferiblemente se puede usar programas computarizados diseñados específicamente para controlar proyectos.

Es muy importante trabajar en la organización del proyecto y tomar notas en una planilla para ese uso, exhibiendo los pasos a dar, fecha de comienzo y fecha final de cada paso, resultados y cambios.

Se puede también hacer una lista separada de opciones, y a qué punto en el proyecto, estas opciones se tendrán que usar para cambiar los resultados anteriores.

Cuando es un proyecto de ingeniería o un cambio o innovación técnica, es muy importante también el trabajar con una mente abierta sin escatimar ninguna opción.

Los proyectos o innovaciones técnicas, a veces se complican y por lo tanto, necesitan más tiempos que otro tipo de proyecto.

Usando programas computarizados para poder controlar los proyectos, se pueden llevar estos de una manera organizada, con fechas de terminación para cada parte del proyecto, una fecha final, nombres de las personas, responsabilidades etc.

Lógicamente se puede hacer una forma parecida y mantener un récord manual del proyecto.

Esta manera de organizar cualquier trabajo, idea, o innovación, da una vista clara de los avances y tiempo dedicado, lo que significa que se puede calcular con precisión el costo total del proyecto.

A la misma vez, se puede evaluar el trabajo de cada individuo envuelto, y da una clara visión de los sucesos y fracasos en los pasos del mismo.

Esta forma se renueva en términos fijados, que pueden ser semanales o mensuales, y se expone al grupo que esté trabajando en el proyecto.

De esta manera, el personal responsable podrá hacer los cambios o ajustes que serán agregados a la forma tantas veces como sea necesario.

Este tipo de organización es extremadamente importante, sobre todo en proyectos de ingeniería, pero en realidad se debe de usar en cualquier clase de proyecto ya sea simple o complicado.

Participación

Generalmente se trabaja en grupo, y cada persona tendrá sus responsabilidades definidas y las expectaciones de los otros compañeros de grupo.

Es importante, que el dueño de la idea, haga participar a los elegidos en el grupo desde el principio.

Es también importante, que en esa participación, se lleve a los compañeros de grupo al desarrollo de la idea; o sea, envolverlos para que se sientan también dueños de la idea.

Hacerlos pensar, para que ellos aporten puntos o soluciones, aunque estas ya estén desarrolladas en la mente del innovador.

Eso se llama... vender la idea.

El grupo se sentirá más a gusto, y cada uno tomará en serio su responsabilidad de culminar la idea en un triunfo para el grupo.

Ese tipo de motivación, ayuda al dueño de la idea o innovación, a mantener un liderato en el grupo, y a formar un entorno de amistad y respeto.

En innovaciones técnicas o en cualquier otra innovación, deberán participar los que eventualmente usarán la innovación. Esto facilitará la acción y el participante, tendrá más interés en el suceso de la misma.

Tenemos que considerar, que interesar al operador o usuario en cualquier innovación, es un punto muy importante para que este se esfuerce en la creación de la idea y su triunfo.

No hay nada mejor que respetar las acciones de los empleados y agradecer su participación en cualquier innovación, para poder contar con la ayuda de los mismos, y a la vez, ganarse su respeto como profesional.

Muchas veces, el innovador prefiere trabajar solo, pero si no hace participar desde el principio, a los que finalmente lo ayudarán con su innovación, este tendrá mucho menos facilidad para lograr el triunfo.

Tenemos que partir de la base que el ser humano posee un ego, y que trabaja mejor si se siente estimulado.

Las personas se tienen que sentir apreciadas por su trabajo, y tienen que sentirse participantes de la idea o innovación.

En todo momento, hay que darle al grupo, los créditos que se merece, pero, a la vez, criticar los puntos débiles de los individuos, preferentemente en privado.

No quiero cerrar este capítulo, sin volver a mencionar la importancia que tienen estos dos puntos... la organización del proyecto y la participación y envolvimiento de todos los que trabajen en él. Es responsabilidad del innovador, el llevar estos consejos a la práctica de cualquier innovación, idea o proyecto para que este pueda realizarse de una manera honesta y limpia, motivando al que lo merece y evitando críticas que pueden significar el aminorar la velocidad del proceso.

Hay empresas que premian al empleado que hace un esfuerzo mayor del que estipula su posición o título. Ese estimulo es monetario y se hace público, lo que motiva más al empleado y a sus compañeros de trabajo, pues queda claro, que aquel que empuja un poquito más de lo requerido, tiene la oportunidad de ser reconocido por la empresa.

Capítulo IX

- **La importancia de hacer preguntas**
- **¿Cómo analizar y juzgar sus ideas?**

Hacer preguntas expande su imaginación. Muchas veces los niños hacen preguntas que dejan en blanco a sus propios padres.

¿Cómo la electricidad pasa por dentro de los cables? ¿Cómo la vos se trasmite a través de los alambres telefónicos? ¿Qué es lo que causa los rayos en una tormenta? ¿Por qué se forman los huracanes? El acto de curiosidad expresa la creatividad y la inteligencia.

Un niño jamás aprendería si no hace preguntas. Esa curiosidad por aprender es lo que desarrolla su mente. Más curioso es, más podrá aprender.

La técnica de hacer preguntas:

Hacer preguntas es una importante manera de aprender.

Las preguntas inducen la imaginación y la imaginación puede ser guiada en muchas y diferentes direcciones. La creatividad práctica y la solución de problemas están ligadas a las preguntas que se hagan... a sí mismo, o a otros.

¿Qué se puede agregar?

El vidrio laminado que se usa en los automóviles modernos, fue descubierto por casualidad. Un químico estaba trabajando en su laboratorio, y se tropezó con una botella de vidrio que contenía una sustancia plástica. Al caer la botella al piso, notó que el vidrio de la misma se rompió, pero las partículas quedaban pegadas al plástico. Eso lo llevó a hacer más ensayos los que acabaron en el vidrio laminado responsable por salvar tantas vidas.

Agregar algo a lo existente, puede ser la manera de crear un producto. Todos los años, los automóviles, nuestros hogares, calculadoras, computadoras, relojes, etc. vienen cargados de nuevas adicciones.

Haciéndose la pregunta ¿qué se puede agregar a esto? La repuesta puede ser una innovación futura.

¿Qué puede ser adaptado?

La habilidad para observar lo que puede juntarse a algo para formar un nuevo o mejor producto es otra oportunidad para innovar.

Los conos de barquillos usados hoy para servir los helados, fue una idea de Ernest Hamwi.

Hamwi era un fracasado vendedor de una clase de barquillos planos y finos llamados "zalabia". En la feria mundial de 1905, observó que una persona que estaba vendiendo helados cerca de él tenía problemas pues se le habían acabado los pequeños recipientes en el cual los servía. A Hamwi se le ocurrió formar un cono con los barquillos planos que hacía y pasó de pobre a rico en corto tiempo.

Fundó la empresa "Missouri Cone Company" y se le llegó a conocer como el padre de los conos para helados.

Anteriormente me referí a una tecnología usada para fabricar un producto que pudo ser adaptada en otro producto totalmente diferente.

Fabricar alambres guías, producto médico extremadamente pequeño, adaptando una tecnología usada para la fabricación de resortes de suspensión de camiones, es una muestra de lo que estoy tratando de explicar. Lo mismo pasa con los procesos. La adaptación del proceso usado para aplicar revestimientos diseñados para turbinas de aviación en turbinas industriales. Otra historia de adaptación de lo existente a un producto también existente.

Innovar por medio de la adaptación es una manera simple que puede ser aplicada en muchos casos.

¿Qué se puede combinar?

La combinación de diferentes componentes a artículos existentes, puede llegar a ser otro tipo de innovación.

Sin ir muy lejos, los lentes bifocales es una combinación de dos tipos de lentes. La pluma fuente es una combinación de tinta y pluma. El horno de microonda y el convencional ya se venden combinados. Las computadoras ya vienen combinadas con cámara de video y tarjeta de Wi-fi o "wireless". Lo mismo pasa con los teléfonos inteligentes que tienen una infinidad de combinaciones. Micrófonos en la guitarra conectados a un amplificador crearon la guitarra eléctrica.

La técnica de combinar es una oportunidad excelente para innovar.

¿Qué se puede achicar?

La técnica de reducción o de hacer algo existente de menor tamaño, es algo muy usual en la innovación.

Mirando las computadoras actuales y comparándolas con las antiguas, podemos observar toda la innovación envuelta en este campo de la electrónica.

Computadoras, radios, televisores, cámaras fotográficas y teléfonos eran extremadamente grandes si los comparamos con los actuales, y parecería ser que se seguirán achicando.

En una capsula medicinal se puede poner una cámara que grabará su paso por todo el sistema digestivo del paciente buscando y enseñando con claridad absoluta cualquier problema interno del mismo.

Los paraguas de hoy en día se pueden acomodar dentro de un portafolio.

El calentador S.U.N. es un calentador en miniatura que se puede introducir a través de la boca de un termo y lógicamente substituyó a los calentadores de plancha y las humeantes calderas.

Achicar un producto para hacerlo más cómodo para su uso, es otra de las tantas maneras de innovar.

¿Cuál es el problema?

Visualizar un problema y encontrar la solución al mismo, es lo más común para los innovadores.

Un problema de corrosión, puede ser solucionado con un revestimiento o lubricante especial. El problema del gasto excesivo de combustible en los automóviles, puede ser solucionado con autos más pequeños y livianos o con el uso de otro tipo de energía. El problema de casas destruidas por los huracanes, puede ser solucionado con cortinas especiales o vidrios de alto impacto.

La solución a cualquier problema existente, podrá convertirse en una innovación o producto y el innovador y/o la empresa para quien trabaja podrá capitalizar en él.

¿Cómo hacerlo mejor?

Sin lugar a dudas esta es la pregunta más directa que tendrá un innovador en su mente. Como mejorar lo existente es un continuo desafío para un innovador o aquel que trate de serlo.

Es sencillo mirar hacia atrás en el tiempo, y darse cuenta que la repuesta a esa pregunta es la que más se usó dentro del mundo de las innovaciones.

No necesitamos poner ejemplos al respeto, porque es palpable y conocida la evolución en los productos que usamos diariamente.

En realidad todo se puede mejorar y la innovación a través de las mejoras es ilimitada.

Hay muchas otras preguntas que se tiene que hacer un innovador y se podrían agregar a las ya expuestas:

¿Se puede hacer más grande? ¿Se puede usar en otras áreas? ¿Puede tener un diseño más ergonómico o más lindo a la vista? ¿Se le puede cambiar el olor, sabor, color, forma, moción, sonido etc.?

Cualquier repuesta se puede convertir en una oportunidad para hacer una innovación.

¿Cómo analizar y juzgar sus ideas?

El innovador tiene que mirar su idea y analizarla sin sentirse agarrado a ella y como si esa idea fuese de un tercero y no de él. Es muy común observar fanatismo hacia una idea propia dentro del campo de la investigación y desarrollo que proponen muchas empresas. El fanatismo creará un encierro mental en el innovador, que no le permitirá ver las cosas calmadamente y puede llegar a guiarlo por un camino imposible de realizar.

Si el innovador trabaja para una firma que tiene una infraestructura para el análisis de mercado, depreciación del proyecto, proyección de ganancia y todo lo relacionado y necesario para poner la innovación en marcha, los jefes o altos funcionarios de la empresas serán los indicados para que después de la investigación pertinente se continúe con el desarrollo del proyecto o la innovación. Si por el contrario, el innovador trabaja para él mismo, es recomendable que haga esos estudios calmadamente y hasta es mejor aconsejarle que pague a una empresa especializada para que le provean una información clara y detallada.

Es recomendable no comenzar el desarrollo de una innovación, hasta después de un estudio minucioso en que los números se muestren favorables.

Luego de realizado ese estudio de mercado, el innovador o la empresa tendrá que hacerse las diez preguntas siguientes:

1. ¿Mejorará la producción?
2. ¿Será más eficiente que usar mano de obra?
3. ¿Mejorará las condiciones de trabajo?
4. ¿Mejorará la seguridad en los trabajadores?
5. ¿Reducirá el costo de fabricación?
6. ¿Eliminará trabajo innecesario?
7. ¿Representará una mejora sustancial de lo que hoy se usa?
8. ¿Preverá uso innecesario de materiales?
9. ¿Mejorará los métodos de construcción, mantenimiento y producción?
10. ¿Será mejor que los métodos usuales de producción y maquinaria?

Los pasos requeridos para la realización de una innovación serían los siguientes:

1. Presentación detallada de ventajas y desarrollo.
2. Investigación de mercado, depreciación del costo, posible ganancia, tiempo de desarrollo.
3. Diseño y diferentes opciones dentro del desarrollo.
4. Orden de materiales o componentes.
5. Desarrollo.
6. Prueba.

Después de la primera prueba, si hay que hacer ajustes o cambiar opciones, habrá que regresar al paso número 3, rediseñar, seguir el desarrollo, y probar nuevamente hasta que se dé por terminado el proyecto.

Como lo expliqué en el capítulo número VIII, el orden es muy importante para el desarrollo de un proyecto y no se debe escatimar esfuerzos para que todo sea hecho de una manera organizada dando fechas a los pasos a seguir y analizando al final de cada paso si se considera necesario, ajustar el proceso del mismo.

De esa manera se podrá ir observando el avance, y eso determinará el uso de otras opciones si las que están siendo aplicadas no llegaran a ser satisfactorias.

Capítulo X

- **La Innovación como empresa**

No existe o por lo menos, no conozco un modelo ideal usado por las empresas para motivar la innovación. Los métodos varían de unas a otras y cada cual ajusta los parámetros a su conveniencia o a lo que les dé mejor resultado en esa disciplina.

Podemos llamar empresas innovadoras, a aquellas que proveen el entorno necesario y la libertad de expresión de todos los empleados.

Las empresas que estimulan la innovación, son aquellas que no esconden los problemas o los tratan de resolver desde los altos niveles ejecutivos sin intercambiar ideas con los que están más en contacto con los mismos.

Cuando una empresa actúa inteligentemente, trata de inmiscuir a la totalidad de su personal y los motiva a crear soluciones. Nadie mejor para buscar una solución a un problema determinado, que aquel que se ve afectado por el.

En esas empresas, los trabajadores tienen cierto grado de independencia sin dejar que interfiera la burocracia en la resolución de los problemas diarios. Ese grado de independencia, es pagado con creces por empleados que se sienten parte de ella y dan lo mejor de sí en la función que desempeñan.

La característica de la organización, dicta muchas veces lo que se puede hacer y lo que no se debe hacer dentro de la misma, aunque la meta sea idéntica. Empresas de alta tecnología, usualmente forman un grupo de Investigación y Desarrollo, con un jefe y sus subordinados que dedican su tiempo a la innovación y desarrollo de productos, procesos o sistemas.

De todas maneras, ideas que provean los que no son parte de ese grupo, pueden ser o deben ser tenidas en cuenta para darle la importancia y dedicación adecuada.

Existen empresas en donde los empleados son premiados por cualquier idea a la que se le pueda dar uso.

Generalmente, tienen un buzón en donde se insertan las ideas por escrito, y una vez a la semana se estudian, haciendo parte de la reunión al empleado dueño de la idea. Lógicamente, no todas las ideas son factibles de realizar, pero entre tantas, siempre aparece una que se "pega" al sistema y termina en su desarrollo y puesta en práctica. El dueño de la idea y sus compañeros de trabajo, son motivados por ese triunfo y siguen pensando en cómo proveer algo diferente que ayude al futuro de la empresa.

Está comprobado que el hacer sentir al empleado que es parte del negocio, produce óptimos resultados en el avance del mismo. Para crear a un innovador hay que hacerle pensar que lo es. El ego humano es complejo, pero no tanto... si la persona se siente bien en su roll hará mejor su trabajo e incrementará sus conocimientos y maneras de pensar.

Muchas empresas estadounidenses han tenido éxito en crear innovadores.

Cuando una de ellas es reconocida, los competidores y otras empresas la toman como ejemplo y tratan de seguir sus pasos.

Estos logros dan un tono de afinamiento en lo que respeta al trato con los empleados, su crecimiento dentro de la empresa y premiando a los que tienen la habilidad de innovar. Y no estamos hablando de crear nuevos productos aunque también lo puedan hacer, si no en las innovaciones traídas a la mesa por personas que ayuden de alguna manera al crecimiento del negocio.

Los estilos de cada empresa pueden ser totalmente diferentes y también los programas que adapte cada una.

Hasta la imagen que quieran crear puede ser diferente. Podemos ver a IBM y Hewlett Packard con empleados vestidos de traje negro y corbata y a Apple, Google y otras en que los empleados son permitidos vestir shorts y zapatillas.

Muy clara quedó la participación de Steve Jobs en todas las innovaciones de "Apple Computer". Jobs tenía una visión muy avanzada y dirigía sus ideas con tesón y energía poco comunes.

Adicto a la perfección muchas veces puso en peligro las ganancias de la empresa.

Su personalidad le hizo crear muchos adversarios y no fue muy querido por sus subordinados. Sin embargo, cuando fue despedido de la empresa comenzó el decline de la misma pues se había dejado de crear. Los dirigentes no sabían o no se dieron cuenta que Apple era Apple por la mente innovadora de Jobs.

El colapso fue tan grande, que tuvieron que pedirle a Jobs que volviera a dirigir la empresa. Jobs lo hizo sin goce de sueldo y como CEO temporario, despidió a todos los dirigentes de la organización.

Desde ese tiempo hasta que falleció, Jobs creó los mejores productos de Apple.

Bill Gates, creador de Microsoft, es una persona diferente en cuanto al trato de sus subordinados y manejos de negocios.

Gates y Paul Allen, un compañero de Harvard, crearon el mejor software del mundo. Duros días y noches de trabajo habían dado sus frutos. Gates trabajaba tanto que tuvo que abandonar sus estudios universitarios para lograr el famoso producto.

Las empresas fabricantes de PC estaban tan fascinadas con los programas que Gates decidió no venderlos. Licenciar el producto fue una buena decisión que lo llevó al triunfo como uno de los más grandes en el mundo de las computadoras.

En mis tiempos con "Teleflex Inc.", consecuentemente se buscaban maneras para tener una relación abierta y continua con los empleados, formando una relación que iba desde el más alto de los ejecutivos hasta el más bajo de los obreros. La empresa de ingeniería con más de 20,000 empleados, tenía un fondo dedicado a la Investigación y Desarrollo (New Venture Fund) que provenía del 1% de las ganancias anuales.

Esto animaba a las diferentes divisiones a crear sin maltratar la ganancia anual de la división. Generalmente había grupos en cada una dedicados al funcionamiento de la innovación aunque cualquier idea de los empleados más comunes era analizada y tratada con respeto.

Muchos de esos empleados creativos, pasaban a ser parte del grupo de Investigación y Desarrollo.

Opino que cada empresa tiene que desarrollar programas que crean convenientes para que la innovación sea parte de ella. Se entiende que las disciplinas tienen que ser diferentes, entre una empresa de alta tecnología y la que no la es, pero tanto una como la otra, tendrán cosas en común que se podrán innovar.

Muchos gerentes o dueños de empresas, prefieren ser ellos los que marcan la pauta de la innovación, no dando importancia a las ideas de otros. Eso es una valla muy difícil de sortear para que la empresa se mantenga saludable. Nadie es bueno en todo, y el escuchar de primera mano los problemas existentes, dará una mejor oportunidad para solucionarlos. Las empresas que no den importancia a la innovación, están cavando su propia fosa. El mundo sigue avanzando, y no nos podemos quedar relegados al destino.

Tenemos que navegarlo, llevando el timón con mano firme, pero también dejando que los marineros ayuden a buscar la ruta más adecuada. Aunque el capitán tenga mucha experiencia, no podrá mover todas las velas solo.

Muchas empresas tradicionales, están orientadas a hacer las cosas más rápido y a un menor costo, en vez de tratar de aprender a hacer algo diferente.

Otras con mejor visión, se enorgullecen con razón de tener un programa participativo en donde la opinión del empleado es siempre considerada. Una organización innovadora, necesita de una fuerza laboral que no solo se dedique al trabajo rutinario, sino que también esté dispuesta a cambios. El desafío más grande que las empresas innovadoras tendrán que sortear es: combinar la necesidad de los trabajos rutinarios dándole a los empleados la posibilidad de contribuir con innovaciones. Tantos los más bajos empleados, como los del medio y los de la alta gerencia, deben estar motivados a hacer cambios e innovaciones.

La idea no es otra, que crear una cultura dentro de la empresa para que la rueda pueda mantener su propia inercia y las innovaciones y cambios empiecen a fluir.

Un programa de producción TPS, como el mostrado a grandes rasgos más arriba, puede dar un poco de libertad y más tiempo para las innovaciones. Se calcula que ese programa, aumenta sustancialmente la productividad de una empresa que usa métodos tradicionales. Cuando fui parte del sistema de producción Toyota, los maestros en el tema lo dijeron, y quedó totalmente comprobado. Con unos pocos cambios, la producción aumentó considerablemente y en algunas de las plantas llegó a ser un 300% más efectiva.

Para terminar este capítulo, me gustaría dejar claro, que cada empresa puede formar su propio programa de innovación o el más conveniente para su uso, pero, cualquier programa tendrá el común denominador, que es la participación abierta de los empleados y la motivación para que se comiencen a hacer cambios.

Como el mundo evoluciona, las empresas también tienen que hacerlo. La velocidad para la innovación, siempre va a ser muy lenta, pues allí están los competidores tratando de ser los primeros. Ya se acabó el tiempo en que las empresas pasaban de padres a hijos y de hijos a nietos, sin necesidad de innovar. Hoy la innovación no es un lujo, sino una gran necesidad a la que habría que darle la prioridad que se merece. Haciendo un recuento en el mundo de los negocios, las empresas innovadoras son la que siguen creciendo y haciendo ganancias considerables. Las que se han quedado paralizadas, es solo cuestión de tiempo para que queden sumergidas en el mar de la globalización y pasen a ser solo un recuerdo.

Capítulo XI

- **Algunos viejos y muy buenos inventos**

Después de tanto analizar y explicar que un individuo común puede llegar a ser un innovador, creo que será bueno exponer algunas innovaciones que se han podido patentar como invenciones, que son prácticas, que son muy antiguas, y que hasta el día de hoy, en su mayoría se siguen usando.

Esa es la diferencia, entre invenciones que logran penetrar un mercado y otras que se hicieron sin siquiera analizar si existe ese mercado, y que lógicamente han sido un fracaso.

Podemos afirmar, que la invención sin venta, es algo que no llega a expandirse y que no da buenos resultados, ni de progreso, ni de dinero.

Por ejemplo, podemos comenzar con una idea que se ha propagado por el mundo, y que fue desarrollada hace dos siglos:

La tapa de corona para botellas de gaseosa:

William Painter fue el inventor del tapón de corona y corcho.

Aunque las botellas de bebidas carbonatadas ya eran populares en 1880, había un problema continuo en la forma de sellar el aire. Muchos de estos tapones eran imprecisos y no sellaban herméticamente causando pérdidas del líquido y del gas carbonatado del mismo.

El tapón de corona y corcho, fue inventado en 1891 por William Painter, un norteamericano descendiente de ingleses que vivía en Baltimore, Maryland. Obtuvo la patente del tapón de corona y corcho en febrero de 1892 (patente # 468,258).

Se le llamó corona y corcho, por su forma de corona en la parte de metal corrugado de afuera y el material de corcho que era el sellador en la parte de adentro y en contacto con la superficie del pico de las botellas.

Painter fue un inventor de más de 85 ideas no todas relacionadas con botellas o tapones.

Painter tuvo que trabajar fuertemente, para convencer a los fabricantes de botellas que aceptaran su diseño por que las botellas necesitaban tener un anillo saliente en la parte superior del pico, para que el material corrugado se pudiera apretar formando una fusión entre la superficie del pico y el corcho sellador. Finalmente la idea fue aceptada y es lo que se usa todavía.

Otra invención sin precedentes, fue la conocida máquina de afeitar o rasurar y la parte principal de este invento, fue la hoja rasuradora de la misma:

Gillette:

En noviembre de 1904, la patente #775,134 fue otorgada a King C. Gillette por un innovador artefacto para rasurarse la barba.

Gillette, nació en Fond du Lac, Wisconsin, en 1871. Para el sustento suyo y de su familia, después que su casa fue devorada por un incendio, Gillette trabajaba como vendedor ambulante. Su trabajo, lo llevó a conocer a William Painter, el inventor del tapón de corona y corcho quien le aseguró, que el triunfo de una invención era en algo que se tendría que comprar una y otra vez por clientes satisfechos.

Gillette, se había forjado la idea de inventar algo útil y provechoso y su mente trabajaba sin descanso investigando posibilidades. En 1895, después de varios años considerando y desechando posibles invenciones, una mañana que se estaba rasurando, se le ocurrió la brillante idea de inventar una pequeña máquina de rasurar, que fuese segura, que no cortara la piel, y con hojas cambiables y desechables.

Comenzó a trabajar en la idea, y le llevó seis años realizarla. Durante ese periodo de tiempo, consultó a expertos los que le decían que su invento era algo imposible de producir, pues se requería de una hoja de acero demasiado fina. En 1901, un graduado de MIT, William Nickerson, se animó a ayudarlo y trabajó con Gillette en el desarrollo de una fina hoja de acero que pudiera ser adaptada al pequeño aparatito para rasurar.

En 1903, Gillette comenzó la empresa "Gillette Safety Razor Company" en el sur de Boston. Las ventas crecían y durante la primera guerra mundial, el gobierno de los Estados Unidos, adquirió 3.5 millones de máquinas de afeitar y 32 millones de hojas para las mismas. Después, la nación entera se convirtió e clientela para Gillette.

La trampa para cazar ratones:

En 1897, James Henry Atkinson, inventó la tradicional trampa.

Este, aunque simple, fue un invento tan inigualable que nadie lo ha podido mejorar.

Tan inigualable, que en muchos países existe el dicho de "una trampa mejor para cazar ratones" como refiriéndose a algo imposible de lograr.

"La pequeña pinza" como le llamó Atkinson, sigue siendo el artefacto más usual para exterminar los roedores.

Atkinson vendió la patente en 1913 por 1000 libras a Procter, la empresa que siguió fabricando la trampa hasta estos días.

Percha para colgar la ropa:

La percha actual, fue una inspiración del gancho de ropa patentado por O. A. North, de Connecticut en 1869.

Albert J. Parkhouse, un empleado de Timberlake Wire and Novelty Company en Jackson, Michigan, creo una percha de alambre en 1903.

Respondiendo al reclamo de los trabajadores que no tenían lugar para colgar sus abrigos. Parkhouse, dobló unas piezas de alambre en forma de óvalo, y las juntó al final retorciéndolas para formar el gancho colgador. Parkhouse patentó su invención, pero no se sabe a ciencia cierta si le produjo alguna ganancia.

Schuyler C. Huleet, recibió una patente en 1932 por la mejora de ponerle a la percha de alambre un tubo de cartón en las partes superiores e inferior de la percha, para evitar las arrugas de la ropa.

Muchas veces se oye decir, la frase "la necesidad da la oportunidad" y hay muchos inventos que lo demuestran.

Papel Líquido:

¿Usted sabía que ese líquido blanco que se usaba para corregir faltas en las viejas máquinas de escribir se llamó *mistake out* o *afuera las faltas*, fue inventado por Bessie Nesmith Graham, una mujer divorciada que tuvo que ponerse a trabajar para mantenerse ella y su hijo?

Consiguió un trabajo como dactilógrafa y afortunadamente no era muy buena. Digo afortunadamente, porque por los tantos errores que cometía, y en su desesperación para no perder su trabajo, comenzó a experimentar con pinturas que la ayudaran a cubrir esos errores.

Usando la cocina y garaje de su casa como laboratorio y fábrica, pudo lograr un producto que además de usarlo, lo comenzó a vender entre sus compañeras de oficina.

A la misma vez que seguía su trabajo de secretaria, se comenzó a educar en métodos de negocios, promociones, e investigaciones, hasta que estuvo satisfecha en que el producto desarrollado por ella valía la pena.

Después de patentarlo, ofreció el producto a IBM, la cual rechazó la oferta no mostrando interés alguno de adquirirlo.

Sin desfallecer, le cambió el nombre a *liquid paper* o *papel líquido*, y siguió vendiéndolo desde su cocina/garaje por 17 años.

En 1968, estaba haciendo una buena ganancia de su producto, y la empresa Gillette, le compró la patente por 47.5 millones de dólares, más un porcentaje de las ventas.

Aunque las máquinas de escribir se hicieron prácticamente obsoletas por la invención de los procesadores y computadoras, el papel líquido se sigue usando en las oficinas para corregir errores en formularios y planos.

Otras veces, un innovador, está trabajando en algo, y la casualidad lo lleva a inventar otra cosa.

Esto pasó con el invento de la goma de mascar o Chicle… el fracaso de la innovación, y una porción de inventiva diferente, fue lo que llevó al descubrimiento de un producto que sigue vendiéndose en todo el mundo.

Chicle:

Thomas Adams, fue un hombre que trató muchas cosas… antes de hacerse fotógrafo en 1860.

Durante ese tiempo, el general mexicano Antonio de Santa Ana se exiló en EE. UU., viviendo en la casa de Thomas Adams.

Fue Santa Ana el que le sugirió al fracasado pero creativo fotógrafo, el experimentar con la sustancia gomosa de un árbol que se daba en México llamado Sapodilla, para lograr una goma sintética que podría ser usada en la fabricación de neumáticos para bicicletas.

Thomas Adams, primeramente trató de convertir el chicle en goma sintética e intentó usarlo en la fabricación de juguetes, moldes, botas para la lluvia y cubiertas para bicicletas, pero, todos sus experimentos fallaron.

Un día de 1869, se metió un pedazo de este gomoso elemento en su boca, y le gustó el gusto del mismo.

Masticándolo, se le ocurrió la idea de agregarle sabores y fue así, que pudo llegar a instalar la primera fábrica de chicles de mascar. En febrero de 1871, "Adams New York Gum" vendía los chicles por un centavo cada uno en todas las droguerías del país.

Un inventor o innovador, puede ser cualquiera que se enfoque en serlo, no importando sexo o raza. Hay una cantidad innumerables de inventores de todas las razas y algunos de los inventos más importantes, especialmente en la industria automotriz, fueron hechos por el sexo femenino.

A principios del siglo pasado, comenzó la que se podía llamar la época del automóvil.

En la misma, se pueden ver muchas innovaciones y algunas de ellas, no han sido significantemente cambiadas, como por ejemplo, el limpia parabrisas.

Limpia parabrisas:

Antes de que Henry Ford fabricara el modelo "A", Mary Anderson obtuvo la primera patente para un dispositivo llamado "limpiador de ventanas" en noviembre de 1903.

Su invención, podía limpiar nieve y lluvia en los parabrisas usando una manivela desde el interior del vehículo. Su meta era ayudar a la visión del conductor durante los días de tormenta.

Durante un viaje que hizo a Nueva York, Mary Anderson notó que los conductores tenían que abrir las ventanas para poder sacar sus caras y mirar hacia fuera. Como una solución, se le ocurrió diseñar un dispositivo de manivela que movería una escobilla de goma en contacto con el parabrisas de automóvil.

El conocido y usado limpiaparabrisas, obtuvo un lugar sin precedentes en los automóviles norteamericanos desde 1916.

Curiosamente, otra mujer, Charlotte Bridgewood, inventó el primer limpiaparabrisas automático en 1917.

Tantas son las invenciones antiguas y simples, que sería por demás seguir enumerándolas, pero una de las más comunes, fue el enlatado y por consecuencia, el abridor de latas.

Hay que pensar, que el inventor de los alimentos enlatados, no tenía ni idea de cómo se abriría la lata.

Esto, dio pié a la innovación de lo que se le conoce como abrelatas o abridor de latas.

El abridor de latas:

El británico Meter Durand, impactó al mundo en 1810, con el invento de la comida enlatada y la manera de preservarla.

Las primeras latas, eran muy gruesas y necesitaban abrirse a martillazos. John Hall y Bryan Dorkin abrieron en Inglaterra, la primera fábrica de enlatados en 1813.

Cuando las latas se comenzaron a fabricar de un material más fino, se hizo posible la invención de un simple abridor.

Ezra J. Warner de Waterbury, Connecticut, patentó el primer abridor de latas que fue usado por el ejército de EE. UU., durante la guerra civil.

El inventor del abrelatas familiar, fue William Lyman.

William Lyman, patentó un abrelatas muy fácil de usar en 1870, que es el que se sigue usando hasta el momento actual. Una rueda que se hace girar en la parte superior con una pequeña manivela y es presionada con una palanca, la que actuando sobre otra rueda en la parte inferior hace un corte anular alrededor de la lata. La compañía Star Can Company of San Francisco, mejoró el diseño en 1925, agregando dientes a la rueda inferior.

Una versión motorizada del mismo tipo de abrelatas, se vendió en diciembre de 1931.

Otro invento simple, pero no menos importante, fue el imperdible o el alfiler de gancho.

Aunque el invento es muy antiguo, todavía se sigue usando y sin mayores cambios.

Imperdible o alfiler de gancho:

Esta útil idea, fue inventada por Walter Hunt en 1849 y es usada desde entonces sin ningún cambio.

Hunt patentó el imperdible el 10 de abril de 1849 con el número de patente 6,281.

Hunt fue un mecánico de automóviles que vivía en Nueva York y ha desarrollado varias invenciones incluyendo una primitiva máquina de coser, una lapicera fuente y un afilador de cuchillos.

Hunt inventó el imperdible, para pagar una deuda de $15.00 dólares y eventualmente vendió los derechos de su patente por $400.00 dólares.

¿Y que se podría decir del simple papel higiénico? Estas cosas que usamos diariamente, no nos impresionan mucho pues estamos tan acostumbrados, que nunca nos ponemos a pensar de donde salió la idea.

Papel higiénico:

Joseph Gayetty inventó el papel higiénico en 1857. El nuevo papel de limpieza, era en forma de hojas planas. Desafortunadamente, el invento de Gayetty fracasó.

Más tarde, el inglés Walter Alcock, desarrolló un papel higiénico en forma de rollo, pero su invención también fracasó dado a problemas de calidad.

En 1867, Thomas Edgard y Clarence Scott, de Filadelfia Pensilvania, mejoraron la idea de Alcock e introdujeron en el mercado un papel de rollo perforado. El nuevo papel higiénico era vendido puerta a puerta y fue el comienzo de la industria multimillonaria estadounidense "Scott Paper Company".

Existen otras invenciones que no son tan simples pero que han cambiado la historia del mundo en que vivimos.

Una de ellas es el famoso transistor, que ha cambiado por completo el mundo de las comunicaciones

Transistor:

El transistor fue una invención importante que cambió el curso de la historia en radios, computadoras y electrónica en general.

La primera generación de computadoras, por ejemplo, usaban tubos de vacío; la segunda generación, usó transistores, la tercera, circuitos integrados y la cuarta micro-procesadores.

John Bardeen, William Shockley y Walter Brattain, científicos de los laboratorios de la empresa telefónica Bell, en Murray Hill, Nueva Jersey, investigaban las reacciones de cristales (germanium) como semiconductores en un intento de reemplazar los tubos de vacío usados como llaves electromecánicas en los sistemas de comunicación. Los tubos de vacío, usados para amplificar la voz o la música eran prácticos, pero, consumían demasiada energía, creaban alta temperatura y requerían un alto costo de mantenimiento.

Las investigaciones del grupo, casi se abandonan, pero al final en una de las últimas tentativas, trataron con una sustancia más pura en los puntos de contacto que los llevó a la invención del transistor con punto de contacto. En 1956, el grupo recibió el premio Nobel de física, por la invención del transistor.

El transistor es el primer componente diseñado que actúa como transmisor, convirtiendo las ondas de sonido en ondas electrónicas, y como resistencia, controlando la corriente electrónica. El nombre deriva de 'trans' transmisor, y 'sistor' en inglés "resistor" o resistencia.

El bombillo eléctrico:

Contrario a la creencia popular, Thomas Alva Edison no inventó el bombillo, sino que lo mejoró y lo hizo factible para su uso. La idea surgió en la mente del inglés Humphry Davy 50 años antes de que Edison lograra su mejora.

Humphry, inventó el bombillo en 1878; después de él, Joseph Wilson Swan, un químico también inglés, fue la primera persona que obtuvo un bombillo con una duración de 13.5 horas usando una fibra de carbón como filamento. En 1879, Thomas Alva Edison, inventó el filamento de carbón que al principio duraba solamente 40 horas.

¿Quién inventó la rueda?

No existe un inventor de la rueda, y más bien la invención se dio con el tiempo y los descubrimientos que fueron haciendo los seres humanos.

Lo humanos se dieron cuenta, que podían mover cualquier objeto pesado, usando troncos o palos puestos debajo de éste, y arrastrarlo con poco esfuerzo.

Más tarde, los humanos se dieron cuenta, que poniendo troncos o palos redondos debajo de los objetos y empujándolos, estos troncos rodaban y la carga no se arrastraba, si no que se movía mucho más fácil que antes.

Con el tiempo, estos troncos se gastaban formando canaletas a su alrededor, lo que les daba menor superficie de rozamiento y la carga se movía aún más fácil.

Con esto en mente, comenzaron a remover el material del centro manteniendo el diámetro solamente a ambos extremos y crearon el eje. Luego, pusieron a girar los dos extremos en el eje, y para que la rueda no se saliera de ese eje, le pusieron una especie de clavijas en cada punta del eje. Esto se podría decir que creó el primer carro.

Más tarde descubrieron el eje fijo, en que solamente las ruedas rotaban… a ese tiempo, podríamos decir que se había inventado la rueda.

Velcro:

En un hermoso día de verano de 1948, un montañés amateur e inventor decidió sacar a su perro a un paseo por el bosque. El hombre y su fiel compañero, retornaron a la casa cubiertos de un tipo de abrojo de una planta que más que nada se pegaba al pelo del animal.

El hombre, con una quemante curiosidad, corrió hacia el microscopio para analizar uno de los abrojos que estaba prendido a su pantalón.

A través del aparato, pudo observar que esta planta tenía unos pequeños garfios que se enganchaban viciosamente en la fibra del tejido de su pantalón.

George de Mestral, levantó su vista de los visores del microscopio, y sonrió pensando:

"Voy a diseñar una manera de juntar dos telas usando en un lado pequeños garfios y en el lado opuesto una fibra blanda como la de mis pantalones. Mi invención se llamará 'Velcro' una combinación de velour y crochet. Seré el rival del 'zipper' o cierre metálico"

La idea de Mestral fue recibida con resistencia y hasta risa, pero, el inventor, se aferró a su invención. Asociado con una fábrica textil francesa, Mestral perfeccionó su invento de "gancho y vuelta". Tratando y errando, se dio cuenta que si cocía nylon bajo una luz infrarroja, este material formaba pequeños ganchos que serían usados en la parte de enganche de su invento. Mestral finalizó su diseño y lo patentó en 1955. El inventor formó la empresa Velcro Industries para fabricar su invención.

Mestral vende más de seis millones de yardas de Velcro por año. Hoy en día es una industria multimillonaria en dólares.

No estuvo tan mal, para una invención basada en la madre naturaleza.

Henry Ford:

La historia de Henry Ford es por demás conocida, pero no deja de ser una de esas historias motivadoras a la innovación.

Este ingeniero, nacido en 1863, fue el primer industrial en diseñar y usar una línea de ensamblado en su fábrica de automóviles que revolucionó el sistema de producción no solo de su fábrica sino del mundo actual. Parte de esa idea es usada en el sistema de producción de Toyota y otros que salieron más tarde. Gracias a ese sistema, Ford pudo fabricar automóviles, que por su precio estaban al alcance de casi cualquier ciudadano, aunque pagaba altos salarios a sus trabajadores.

El sistema ideado por Ford, redujo el tiempo de ensamblado a 93 minutos por cada modelo "T" reduciendo el costo, agrandando el mercado y aumentando las posiciones de trabajo.

El Semáforo:

Garret Augustus Morgan, afro-americano, nacido en 1877, fue un gran inventor y hombre de negocios.

Fue la primera persona en patentar un aparato para controlar el tráfico que más tarde llevó al actual invento del semáforo.

Morgan nació en Paris, Kentucky, y fue el séptimo de once hijos de esclavos. Su educación formal terminó durante la escuela primaria. En 1895 siendo aún muy joven; se mudó a Cincinnati, Ohio, buscando una oportunidad de empleo. Su increíble habilidad para reparar cualquier maquinaria, le sirvió para conseguir varios trabajos.

En 1907, comenzó su propio negocio reparando máquinas de coser. En 1909 ya tenía 32 empleados usando equipo de reparaciones inventado por él. En 1920, fundó el diario "Cleveland Call" con mucho éxito y compró su primer automóvil. Manejándolo por las calles de Cleveland, notó lo peligrosas que eran las intercepciones y tomó la determinación de encontrar una manera para hacer la conducción de vehículos más segura.

Morgan patentó la primera señal de tráfico en noviembre 20 de 1923 (U.S. patente # 1,475.024). Esta fue la primera señal de tráfico patentada pero no la primera inventada. Lo inventado por Morgan era en forma de T, con brazos, pero sin luz. Tenía tres señales... rojo para parar, verde para seguir y otro rojo para parar en todas las direcciones.

Esta última señal dejaba a los peatones cruzar la calle sin que los automóviles los atropellaran. Todo el control estaba hecho usando un mecanismo de reloj. Esta invención fue muy popular y fue usada en todo Estados Unidos. Morgan vendió la invención a General Electric Corp. por $40,000 dólares una gran suma para la época. La señal de tráfico inventada por Morgan fue usada hasta que se desarrolló el actual semáforo.

Morgan desarrolló otras invenciones como el detector de humo para bomberos (patente # 1,113.675 en 1912) máscara de gas (patente # 1,090.936, en 1912). También desarrolló un aparato para las máquinas de coser que cosía en Zig-zag, y otras.

El pantalón vaquero o Jeans:

En 1850, durante la fiebre de oro en el estado de California, las mercaderías siempre eran menos de las necesarias.

Levi Strauss, un emigrante alemán de 20 años de edad, dejó Nueva York para dirigirse a San Francisco con un par de maletas llenas de mercaderías para la venta.

Al poco tiempo de haber llegado a San Francisco, conoció a un posible cliente que quería saber qué era lo que vendía Strauss. Cuando Strauss le ofreció un material de una tela muy fuerte para tiendas de campaña, este posible cliente le dijo "usted debería de haber traído pantalones pues acá no tenemos ninguno que nos sea durable para el trabajo"

Strauss hizo fabricar pantalones del material que llevaba para ser usado en las tiendas de campaña. Los mineros gustaron de los pantalones, pero dijeron que tenían tendencia a romperse especialmente en la parte de los bolsillos. Levi Strauss sustituyó la tela por una lona francesa llamada "Serge de Nimes" que luego fue llamada Denia.

En 1873, Levi Strauss & Co. comenzó a fabricar pantalones con bolsillos cosidos por fuera. El emblema de dos caballos fue usado en 1886. La etiqueta roja cosida en el bolsillo trasero fue creada en 1036 para que los Levi's Jeans fuesen distinguidos a la distancia. Todas fueron marcas registradas.

Epílogo

En muchas ocasiones, he observado a personas que no están contentas con el trabajo o con la vida que llevan. Se sienten encerradas en su propio problema y ni siquiera buscan la manera de salir de él.

Es muy posible, que ni siquiera se pregunten a si mismo que otra cosa se puede hacer para salir de ese encerramiento, que en realidad es solamente mental.

El primer paso, sería el reflexionar sobre como comprender, analizar y cambiar el proceder que los está llevando a la infelicidad de no hacer lo que en realidad les alegraría hacer.

Hay en realidad varias cosas que ayudarían a cambiar y a mantener un estado de ánimo y bienestar mental:

1. Ser capaz de tomar decisiones

Una persona que tiene capacidad para tomar sus propias decisiones, también será capaz de evaluar opciones constructivamente y analizar qué es lo que lo hace feliz. Esto puede ser en su carrera profesional al igual que en su vida cotidiana.

Cuando se toman decisiones, será necesario enfocarse en el objetivo y mentalizarlo ya que todo se crea mentalmente antes que físicamente.

2. Sentirse capaz de resolver problemas

El poseer habilidad para resolver problemas, ayuda a las personas a enfrentar situaciones. Esa habilidad se mide con la experiencia que pueda tener la persona tanto en el trabajo como en la vida misma.

Problemas son parte del vivir, y el poder resolverlos usando valores objetivos será mucho mejor que guiarse por estados de ánimo y/o circunstancias.

Todo problema tendrá que ser analizado fríamente y se llegará a la solución, usando una escala de opciones previamente diseñada en el cerebro del individuo. Las opciones, se tomarán una a una, e ir aprendiendo en el proceso, llevará sin dudas a la solución final.

3. Sentirse capaz de pensar en forma creativa

Pensar creativamente es la habilidad o la forma de usar el conocimiento para analizar la información y experiencias de manera objetiva y sin distorsiones de la realidad.

Es una buena manera, el ser crítico de uno mismo y no conformarse con una primera opción, si no, estudiar minuciosamente cuál de las opciones creativas formadas mentalmente, puede ser mejor para obtener el resultado esperado.

4. Tener capacidad de comunicación con el prójimo

El poder de comunicación es la base de cualquier relación efectiva.

Nuestra capacidad de expresión es una de las herramientas más valiosas, dado que nos ayuda a plantear las soluciones más claramente y sin distorsión.

Hay que escuchar con la intención de entender para que nos escuchen con la intención de entendernos.

Es muy común en el ser humano, el escuchar con la intención de contestar en vez de con la intención de aprender. La meta es, que el interlocutor se sienta entendido y valorado para que sea más abierto y capaz, lo que nos llevará a aprender de él y tener un aliado en vez de un contrincante.

5. Ser hábil en las relaciones interpersonales

Algo parecido es demostrar habilidad en establecer y mantener relaciones interpersonales.

En esto, hay que saber respetar la posición de la otra persona lo que nos dará la oportunidad de entender y aprovechar sus conocimientos que pueden ser de mucho valor. Buscar dentro de la relación una tercera opción… No a mí manera, no a la tuya, sino una que sea mejor que cualquiera de las dos.

De este modo, la relación se enriquece con la fortaleza de ambos.

6. Conocerse a sí mismo

Conocerse a sí mismo, implica el entender nuestro carácter y nuestra fortaleza, pero también, nuestros puntos débiles.

Ese conocimiento nos ayudará a manejar y reconocer nuestras emociones, y a responder adecuadamente como también a lidiar con las tensiones reduciendo las fuentes que las producen. Tenemos que partir de la base, que lo único que el ser humano puede controlar, es su propia conducta y no la del otro. De manera, que lo que se obtenga en el cambio de uno mismo, será lo que nos abrirá el camino a nuestra felicidad y a nuestro triunfo.

7. Responsabilidad e iniciativa

No hay nada más reconfortante, que ser capaz de asumir responsabilidades y tomar nuestra propia iniciativa.

El llegar a ser un innovador, es el mirar un poco más lejos, a lo largo y a lo ancho, para reconocer las diferentes alternativas para resolver ciertos problemas.

El innovador se destaca por su visión rápida y diferente al resto del grupo. Por tal motivo, si se quiere llegar a ser un innovador, debe de prevalecer un optimismo constante, para que el pesimismo de los demás, no se cruce en el camino de sus innovaciones. La tenacidad y disposición del innovador, lo llevarán siempre al triunfo.

Las ideas son propiedad de uno mismo, y como tal, hay que trabajar en ellas con dedicación y amor.

Un innovador, nunca se da por vencido.

Sus fallas serán lecciones que se tendrán siempre en cuenta para ser aplicadas en otros proyectos. La vida en sí, es un aprendizaje continuo, y los errores nos enseñan y son parte de ese aprendizaje.

El innovador, nunca acaba de aprender, se interesa en todo lo que hay a su alrededor, y siempre piensa en mejorar lo que existe.

Una innovación, u optimización basada en la mejora de un producto existente, es mucho más fácil de imponer pues el mercadeo ya está desarrollado.

Creo que el mejor consejo que puedo dar a un innovador, es que trabaje en orden, enfocándose siempre en la posibilidad de mercado en donde se pueda aplicar su innovación.

¡Y AHORA... MANOS A LA OBRA!

Sobre el autor

Carlos Caggiani nació en Montevideo, Uruguay en 1940. En 1966 emigró a los Estados Unidos de América donde estudió y trabajó en ingeniería mecánica.

Obtuvo varias patentes de invención en productos médicos y turbinas de aviación e industriales y se jubiló en el año 2002 como vicepresidente de implementación de tecnologías de una corporación internacional.

En 1998 escribió "Deshojando Recuerdos", un libro de poesías en español acerca de su niñez y juventud. En el 2000, escribió "Un Nuevo Martin Fierro", una recopilación de poemas acerca de su aventurera juventud viajando el mundo en una vieja motocicleta.

Su libro "Huellas y Horizontes", escrito en el 2009, fue una más detallada historia de esa jornada y en 2010 se publicó "Tracks and Horizons" en una perfecta reproducción en idioma inglés hecha por su hijo Ed.

"El Secreto de las innovaciones" fue escrito con la idea de ayudar a expandir la creatividad de la mente del lector, exponiendo sus experiencias de vida y como llegó a ser un innovador.

Los ejemplos mostrados en este ejemplar, son ecos de las palabras del autor usadas en conferencias y "charlas" de motivación en colegios e industrias.

Los interesados pueden contactarlo por medio de correo electrónico a:

carlos@caggiani.com